台所と食卓の名脇役

食にまつわる道具たち

細萱久美

淡交社

はじめに

私が「食と生活雑貨」に目覚めたのは、18歳の時に読んだ料理スタイリスト・堀井和子さんの著書がきっかけです。自分の「好き」に忠実で妥協しない、けれど、決してそれを人に押し付けないしなやかなスタイルには今でも影響を受け続けており、自分なりの「好き」やスタイルを追い求めています。

生活の土台となる「食」。おいしいものを食べることへの労力はそこそこ惜しみません。自分で作れば自然と口に合った味になるので、日々の食事は自炊が一番だと思っています。好みとしてはできるだけいい素材をシンプルに味わえるのが理想。たまに外食もしますが、その時は自分では作れないものを食べて刺激と満足感を得、時に似たものを作ってみます。

そして、モノが好きです。我が家は台所にもモノは多めかもしれませんが、増え続けているインテリア（蒐集《しゅうしゅう》は楽しくも悩ましい！）とは違い、台所道具は厳選しています。そう、台所にあるモノは「道具」なので、しっかり働いてもらって、私の好みの食卓作りを支えてもらわねばなりません。

私が台所道具に求める要素は機能性と、その機能ゆえに生まれたデザイン。消耗品以外はなるべく長く付き合える耐久性を。その過程で自分の道具に育っていくと嬉しくなります。無駄な機能は要らないので、一つの働きに徹してくれる道具も好みです。ある用途に特化した職人的な道具は愛おしく感じられ、ちょっとしたお手入れも面倒とは思いません。

食卓の器たちはインテリア同様増え続けていますが、シンプルな料理でも、器や盛り付け次第でよりよく見えるので、その日の気分で器選びをしています。器は手に持ったり口に付けたりすることが多いので、馴染むものは自然と出番が増え、生活に根差した道具として日々働いてもらっています。

この本をきっかけに、本書で紹介する道具を、どなたかの台所と食卓の名脇役に加えてもらえたら嬉しい限りです。

目次

本書は、月刊誌『味の手帖』（株式会社味の手帖刊、２０１８年5月号～２０２２年12月号）内連載「台所と食卓の名脇役」に加筆・修正を加えたものです。

撮影した道具はすべて著者私物であり、まったく同じものが必ず手に入るとは限りません。あらかじめご了承ください。データは２０２２年12月現在のものです。

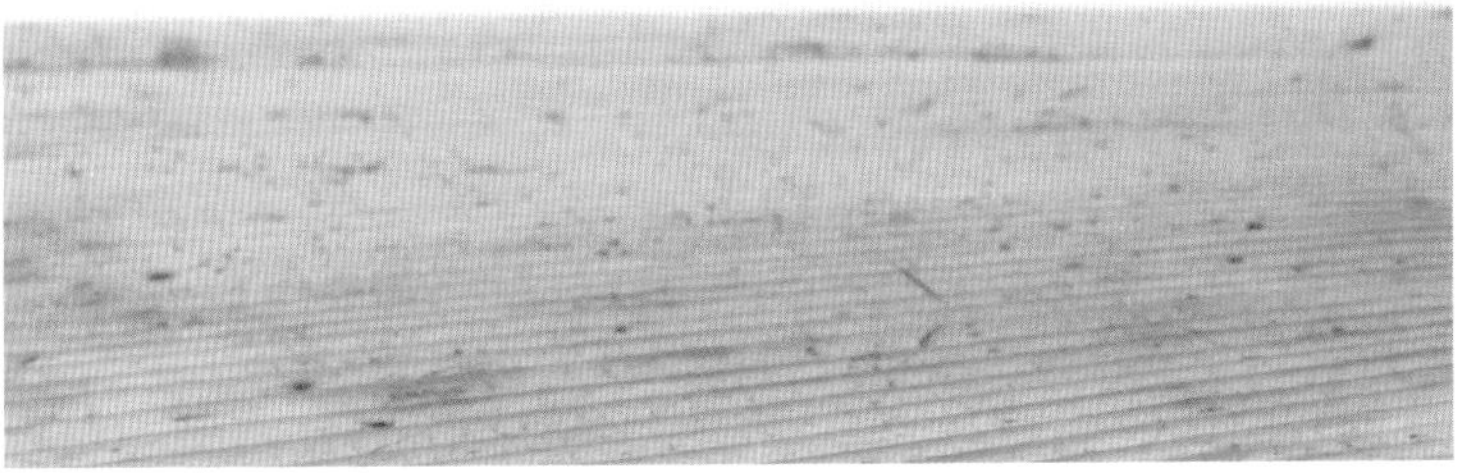

ライスクッカー

現代の日本ほど、世界中の料理が食べられる国は他にあるのでしょうか。恐らく現地並みのクオリティか、現地以上においしい場合もありそうです。さらにはラーメンや和風パスタなど日本人好みにアレンジされて新たな食文化として根づいているメニューもあります。

私自身も、外食だと自分があまり作らないようなエスニックや中華、洋食などを選ぶことが多いですが、このごろ家の食事は改めて和食を中心にした献立にしています。和食が好きという理由以外に、健康管理の面も大きいのですが、その国で長年食べられてきた食事が基本的には身体に合っているのだろうと思うと、私たち日本人にはごはんや味噌汁を中心とした一汁三菜がふさわしいと考えます。「まごわやさしい」という言葉は聞いたことがあるかもしれませんが、健康に役立ち積極的に摂りたい食材である「まめ」「ごま」「わかめ（海藻）」「やさい」「さかな」「しいたけ（きのこ）」「いも」の頭文字を繋いだ合言葉として知られています。これらは和食以外でも使う食材ですが、豆は発酵食品でもある味噌や醤油、納豆が思い浮かぶので、できるだけ和食でこれらの食材を摂ることを心掛けています。一日の食事ですべて食べられなくても、一週間の中で食べればよし、と緩やかに継続しています。

そして和食といえば、ごはんですね。ごはんは玄米か、十五種の雑穀《ざっこく》を混ぜた雑穀ごはんにしていますが、玄米は圧力鍋で、ごはんはここ10年以上土鍋で炊いています。最近の炊飯器の性能はハイテクだろうと思いますが、特に土鍋に不満がないので今後も土鍋生活かなとも思います。初めて炊いた時の、ふっくらつやつやのごはんのおいしさは知っているようで初めての味で、その感動は記憶にも残っており今でも毎回炊くたびにしみじみおいしいなと思います。

愛用している土鍋は、大谷製陶所の大谷哲也《てつや》さん作。その名も「ライスクッカー」という米を炊くための土鍋です。大谷さんはライスクッカーをはじめ、作り続けている定番作品が多く、知る人が見たら大谷哲也さんの作品とわかるかと思います。ライスクッカーは、耐火土（ペタライトという鉱石が主成分）に無貫入釉を施した滑らかな手触りと、全体的に丸みのある曲線が特徴的。この素材・厚み・形のバランスが、お米をおいしいごはんに変化させるように思います。世の中には二重蓋の炊飯土鍋もありますが、ライスクッカーの蓋は一つ。重たい蓋が熱をぎゅっと閉じ込めて、吹きこぼれもありません。強火で沸騰させたら弱火にして4分。蒸らしたら出来上がり。意外と短時間で炊き上がります。しばらくは保温できますが、冷めてもおいしいです。ちょっと火加減を調整することで香ばしいおこげも楽しめるのが土鍋ならでは。唯一気をつけたいのは、おいしくて食べ過ぎること。

機能と美しさを兼ね備え、「用の美」を感じる暮らしの道具。経年変化を重ねて風格を帯びてきました。

大谷哲也（大谷製陶所）「ライスクッカー」

蓋碗

誰にでも嗜好品の一つや二つはあるかと思いますが、私の嗜好品はお茶と和菓子です。ちなみに嗜好品とは「栄養摂取を目的とせず、自分の趣味嗜好を満たすために摂取する食べ物や飲み物」という定義のようで、極端に言うと「生きるために必要でないもの」ということですが、むしろ生活に潤いをプラスしてくれたり心の栄養になったりする欠かせないものだと思います。とはいえ摂りすぎはよくないのでほどほどに、ですね。

お茶と一括りにいっても種類は色々ありますが、私は中国茶、紅茶、煎茶やほうじ茶をはじめとする日本茶を主に飲んでいます。以前お茶の輸入商社に勤めていたこともあり、世界中のお茶に慣れ親しんでいますが、現在は日本茶アドバイザーの資格を取ったり中国茶の教室に通うなど、趣味として楽しんでいます。

ところで緑茶、烏龍茶、紅茶、プーアル茶など異なる種類のお茶は、いずれも「カメリア・シネンシス」と呼ばれるツバキ科の植物から作られていることはご存じでしょうか。品種や栽培法の違いに加え、一番は加工の違いで様々なお茶ができます。和名では「チャ」というこの植物の原産地・中国には、お茶の種類が少なくとも2000種、細かく分ければ数万種（!?）あると言われ奥が深過ぎる世界です。私がお茶に魅せられる理由の一つに、その複雑で繊細な風味の違いがあり、好みのお茶を求めて色々試すので、家には常時数十種類の茶葉があります。

一日中飲むお茶はピッチャーにたっぷりと作り置いて常温で飲みますが、ゆっくりとお茶の時間を楽しみたい時は、「蓋碗《がいわん》」という中国茶器を使うことが多いです。その名の通り蓋付きの碗で、急須としても湯呑みとしても、二通りに使える便利な茶器です。急須としての使い方は、直接茶葉を入れてお湯を注ぎ、少し蓋をずらして茶杯《ちゃはい》に注ぎます。湯呑みとして使う時は、やはり少し蓋をずらして茶葉を押さえながら直接飲みます。

もっぱら愛用中なのは、九谷焼《くたにやき》の窯元・上出長右衛門窯《かみでちょうえもんがま》の蓋碗。この蓋碗は「TEA」と書かれたシンプルなデザインですが、本来は染付《そめつけ》や色絵（五彩手）の繊細で華やかな割烹食器を得意とする窯元。蓋碗も一見シンプルですが、使いやすさと見た目の美しさにミリ単位でこだわって、職人が一つ一つロクロで丁寧に作っています。お揃いの茶杯と茶葉を旅に持参することもあります。

蓋碗で飲むお気に入りのお茶の一つは、台湾の高山烏龍茶《こうざん》。凍頂烏龍茶《とうちょう》が有名ですが、コロコロと固く締まった茶葉はじわじわと開きながら味と香りの変化を見せ、何煎も楽しめます。

白磁で茶葉の様子もよく見え、蓋に付いた香りも楽しめる、さらには、茶葉を捨てて洗うのも簡単。煎茶にも使える蓋碗は、もっと広めたいお茶の道具です。

上出長右衛門窯「蓋碗 TEA字」

固形の台所用洗剤

突然ですが「ミスターQ」という商品名を聞いたことはありますか？　謎のネーミングに加え、「四角い顔のジェントルソープ」というキャッチコピーを聞くと謎が深まりますが、信頼のおけるセレクトショップで取り扱いがあり購入してみました。その正体は台所用洗剤。一見、何なのかわからない見た目をしています。白い四角いプラスチックのケースに、白い固形石鹸が隙間なく詰まっているので、白いレンガのようにしか見えず結構戸惑います。

そしてどのように使うかというと、ケースに吸盤を装着し、シンクに固定させ、スポンジでさっと撫でつけ泡立てて使用します。一般的な液体洗剤だと、ボトルを手に取って洗剤を出す工程がありますが、ミスターQだとスポンジを手に取るとほぼ同時に洗い始められるので、わずかではありますが食器洗いがスピーディーにこなせます。泡立ちと泡もちもよく、油汚れもスッキリ落ちる洗浄力の高さもあり。

見た目のインパクトのせいで、使う前は比較的最近発売された商品かと思いましたが、それにしてはパッケージデザインがレトロな印象。使ってみて機能性も優れていることを実感し、よくよく調べたところ、45年前に大阪の小さな町工場で生まれたそうです。ミスターQは「奥様たちのお友達」という設定らしく、大阪らしいユーモアを感じます。じわじわと口コミで広がったらしく、学校や飲食店での利用も多いそう。コストパフォーマンスもよく、業務用に需要があるのもわかります。

食器洗い以外にも靴を洗ったり、お風呂場掃除、換気扇などのひどい油汚れにも力を発揮するそうです。そういえば子どものころ、持ち帰った学校の上履きをたまに洗っていたのを思い出しました。当時は洗濯用の粉石鹸で、束子《たわし》を片手に一生懸命洗っていましたが、汚れは落ちたものの黄ばみが残っていたような。原因はすすぎ不足だと今ならわかりますが、ミスターQなら粉残りもなく、頑張った甲斐のある綺麗な仕上がりが期待できそう。

こんなに万能でマイナス要素が無さそうですが、洗浄力が強いということは肌に優しいとはいえないので、使用頻度が高い場合はゴム手袋をした方が無難かもしれません。

考えてみたら洗剤の類は意外と選ぶのが難しいアイテムといえます。市場でもとにかく種類が多いですね。環境や安全性も気になるので、重曹やクエン酸などにもチャレンジしてみるものの、現状あまり上手く活用できていません。調理道具などにはどちらかというと専門性を重視するタイプですが、洗剤はマルチなものが我が家の定番になっていることに気づきました。洗濯は「THE 洗濯洗剤」、掃除は「スワイプオリジナル」、食器用洗剤はあれこれ使ってきましたがこれからは「ミスターQ」さんと仲良しになれそうです。

Miké「ミスターQ」

アイヌの木彫り盆

最近、北海道の手しごとで気になるものが二つあります。どちらもたまたま木彫りで、一つは「木彫りの熊」。もう一つは「アイヌの木彫り」です。木彫りの熊は、かつての北海道を代表する土産品でしたが、近年そのアート性や技術に注目が集まり新たなブームとなっています。お土産として多く作られたのは「鮭をくわえた熊」ですが、発祥当時はもっと豊かなバリエーションがあり、かわいい表情の熊の木彫りも作られていました。私も骨董《こっとう》市などで少しずつ集めています。興味のある方は、道南の八雲町《やくもちょう》にある「八雲町木彫り熊資料館」をお訪ねいただくと、木彫り熊のルーツやその奥深さを知ることができおすすめです。

そしてアイヌ民族とその文化への注目度も高まっており、2020年7月12日には北海道白老町《しらおいちょう》に「ウポポイ（民族共生象徴空間）」というアイヌ文化復興・発展のためのナショナルセンターがオープン。かわいい響きのウポポイとは、アイヌ語で「大勢で歌うこと」を意味するそうです。

アイヌという言葉は、アイヌ語で「人間」を意味し、北海道を中心に自然とともに暮らしてきた先住民族です。アイヌ民族の歴史や文化について詳しくはないのですが、アイヌの木彫りとの出会いをきっかけに意識を持つようになったので、是非ウポポイを訪ねて見識を深めたいと思っています。

アイヌ民族の生活用具には、精緻な技術で美しい装飾が施されたものが多くあります。なかでも、「イタ」

と呼ばれる盆と、「アットゥシ」と呼ばれる織物はアイヌ手しごとの最高峰と言われ、平取町《びらとりちょう》二風谷《にぶたに》のイタとアットゥシは北海道初の伝統的工芸品に指定されています。私もイタは骨董や、現在作られている新しいものまで何枚か愛用しています。

　イタに見られるアイヌ文様は、主に魔除けを意味する渦巻きやウロコ、棘、神の目などがモチーフとして精巧に彫られています。独特で力強く、一度見ると忘れられない印象深さがあります。芸術性も高いのですが、実用性のある道具なので現代の暮らしにもなじみます。現代のイタで私が持っているのは髙野繁《しげ》廣《ひろ》さんが製作された小振りサイズの丸盆や角盆。それでも十分存在感があり、急須と湯呑み、お茶請《う》けを載せて一人のティータイムを日々楽しんでいます。クラシックにもモダンにも感じられ、日本茶や中国茶にはもちろんのこと、コーヒーマグなどにも合います。「運ぶ」用途のお盆としてあまり目に触れないのはもったいなく、器として使いたくなるお盆なのです。使い込んで味が出てくるとさらに魅力が増すので育てる楽しみもあります。

　伝統工芸は全国的に後継者不足が大きな課題となっていますが、二風谷のイタやアットゥシも同様で、現在職人は数えられる程度に減っているそうです。注目の高まりに伴い後継者も増えて、この貴重な文化や美しい手しごとが永く残ってほしいと思います。

髙野繁廣「イタ（長角盆八寸　胡桃材）」

中華せいろ

蒸し料理が好きです。といっても、ほぼ素材を蒸しただけの簡単蒸し料理です。夏でもとうもろこし、スナップエンドウ、アスパラガス、ズッキーニなど蒸しておいしい野菜は蒸しています。特に秋から冬にかけては蒸すとおいしい野菜が増えますね。きのこ類やかぶ、かぼちゃ、蓮根、大根、白菜などの野菜がおいしい季節です。野菜は蒸すと水っぽくならず、それぞれの野菜の旨みや甘みなどが増すようです。茹でるよりも栄養の流出も抑えられるので、身体にもよさそうです。

野菜以外だと、中華饅頭《まんじゅう》や中華おこわ、卵蒸し、雲白肉《ウンパイロウ》などがお気に入りです。卵蒸しもごま油で仕上げるので中華風の味。不思議と中華系が多くなります。

ちょっと意外なところでは、数日経って固くなったパンを蒸すとふわふわもっちり。焼くのとは一味違ってやみつきになるかもしれません。特に天然酵母のパンやライ麦パンと相性がいいです。

私が蒸す道具として愛用しているのは、せいろなどの調理道具専門店・照宝《しょうほう》の中華せいろ。横浜中華街でお店を構えて半世紀以上になる老舗です。しっかりと厚みのある素材を、熟練の「曲げ」の技術で作られたせいろは見た目も美しく、素材は杉、竹、白木、日本産のヒノキなどのバリエーションが揃います。

ちなみに中華せいろは中国で、和せいろは日本で生まれ、それぞれの食文化に根づいた蒸す道具ですが、作りがほぼ同じ点は興味深いことですね。

　そもそも「蒸す」とはどういう料理かというと、100℃の水蒸気で材料を包み込んで加熱するため、蒸気の量が十分にあることが大切です。蒸気でまんべんなく熱が伝わるので、仕上がりはしっとり、ふっくらになります。せいろでなくとも、なるべく100℃に近い蒸気を保つことができれば、手持ちの道具を工夫して蒸し器にすることもできます。ざるやセルクル（洋菓子用の型）で高さを出してその上にお皿を載せるなど。

　中華せいろは気になりつつも買うのがためらわれるという方は、扱いが難しそうというイメージをお持ちでしょうか。お手入れは思ったよりも簡単です。蒸す際は、素材を取り出しやすいようにクッキングペーパーを敷いたり、皿を敷きます。そうするとほぼ汚れず、ふいたりさっと洗う程度で十分。逆に水に浸けっぱなしや洗剤の使用はNGです。調理中の蒸気でも自然と殺菌されています。

　サイズは各種ありますが、一人分の野菜や点心を蒸すのには18㎝がちょうどいいサイズ。それを2段、3段重ねて使うのもよし。使い慣れてくると徐々に大きいのが欲しくなると思います。斯くいう私も33㎝に辿り着きましたが、今ではそんなに大きく感じません。

　湯気もご馳走、そして簡単調理の割に豪華に見える点も手伝って、おもてなしにもおすすめです。

照宝「竹せいろ　18㎝」

照宝
照宝

リネンのキッチンクロス

自分に極端な収集癖は無いと思っていますが、そこそこ集めているものはあります。パッケージデザイン好きなので綺麗な缶や箱など。そして服飾では靴下やハンカチ。お茶好きなので、急須やポットはついつい増えがちです。そして台所道具では、キッチンクロスを相当数持っています。100枚以上あると思いますが、特にお気に入りの30枚程度をヘビーローテーションさせています。使いやすさと同時に、デザインや生地の風合いなど見た目も好きなものを厳選。そのほとんどはリネン素材です。

リネン製キッチンクロスはヨーロッパで長い歴史を誇り、家庭の定番アイテムになっています。リネンの産地がフランスやベルギーなどヨーロッパに集中していることもありますが、リネンの持つ特徴が、使われ続ける一番の理由かと思います。

まず丈夫で長持ち。リネンは天然繊維の中で最も強靭《きょうじん》な素材と言われていて、水に濡れるとさらに強度が増すので、気兼ねなく使って、ガシガシ洗えます。

そして優れた吸水性と速乾性。リネンはコットンの数倍の吸水性を持ち、吸い取った水分をすぐに発散してくれるので、カビや雑菌を防ぎ嫌な臭いがしにくい点もキッチンクロスに最適。

さらに汚れが落ちやすい。リネンは洗濯に強いだけではなく、汚れが落ちやすく清潔に保ちやすいので、衣料品や寝具にも幅広く使われています。

個人的には、洗うごとに柔らかさが増し、より肌触りのいい風合いになっていくのがリネンの一番の魅力に感じています。ヨーロッパのリネンキッチンクロスが単なる消耗品ではなく、長年使い込まれたものがアンティークとしての人気が高いのは、使い込まれてこそ生まれる風合いに惹かれるからでしょう。

かつてキッチンクロスといえばヨーロッパ製品が主流で、私も若いころはなかなか気軽には買えない憧れのアイテムでした。そんな海外雑貨が流行っていた約20年前に、ヨーロッパのおしゃれな雰囲気を醸し出している日本製のキッチンクロスに出会った時は衝撃を受けたものです。それは山梨県富士吉田市にアトリエを構えるR&D.M.Coというリネン製品を中心としたブランド。富士吉田は歴史ある機織りの産地ですが、リネン生地が織られるようになったのは現代になってからだと思います。

このブランドは糸づくりから仕立てに至るまで、すべての工程を自分たちで行っているそう。チェックやストライプの織り柄、刺繍などディティールにこだわったデザインや、密に詰まった頼りがいのある生地感も魅力で、この20年間でコレクションもかなり増えました。使いはじめはちょっと硬い？と感じるクロスも、使っているうちに柔らかくなじんできます。ヘビロテ中のキッチンクロスの多くを占めるR&D.M.Coのリネンは、そろそろアンティーク調に育ってきました。


R&D.M.Co-（OLDMANS TAILOR）「LINEN KITCHEN CLOTH」

備前焼のすり鉢

すり鉢とすりこぎはお持ちでしょうか。もしかしたら現代では無くてもなんとかなる台所道具の一つかもしれませんが、個人的には持っていたいと思います。

現代だと、すり鉢に取って代わるのがフードプロセッサーやミキサーでしょうか。私もミキサーは持っていて、フードプロセッサーも欲しい電化製品の一つです。利便性を否定はしていないので、置く場所が確保できれば欲しいと思います。

以前、柚子胡椒を作った際に、すり鉢でひたすら柚子皮をすり潰しました。結構大変な作業で、その時はフードプロセッサーが欲しいと思いましたが、フードプロセッサーで作っていたら、微妙に味や香りも違っていたかもしれません。すり鉢は素材を「すり潰す」、フードプロセッサーは「切る」道具なので、香りを放つ素材ほど、違いが出るような気がします。柚子などの柑橘《かんきつ》は、表皮にある油胞《ゆほう》が潰れることによって香気成分が放出されるため、皮を滑らかに潰せば潰すほど香りが立ちます。すり鉢だと摩擦熱も生じにくいので香りがそのまま残る気もします。

すり鉢でする代表の、胡麻も香りが命ですね。既成のすり胡麻も便利で急ぐ時は使いますが、炒って丁寧にすった胡麻の香りと味の濃さは格別です。この手間を省かずに作った胡麻和えはしみじみおいしい。一見粗食でも満足感があります。私が子どものころは、家の胡麻和えは必ずすり鉢で作っていて、お決まりのお手伝いの一つでした。四人家族だったので少し大きめのすり鉢。子どもには大きく、上手くすれていたのかわかりませんが、記憶に残るお手伝いです。

私が愛用しているすり鉢は、備前焼窯元の一陽窯《いちようがま》製。備前焼は釉薬《ゆうやく》を使わず、炎や灰のあたり方によって自然の模様を生み出す窯変《ようへん》が大きな特徴。これまでの備前焼に対するイメージは見た目が渋くて、あまり身近ではありませんでしたが、実際に使ってみると頼りになる道具です。

備前焼は主に岡山県の備前《びぜん》市伊部《いんべ》で作られるやきもので、赤松の割木をなんと約十日間焚き続け、およそ1200℃という高温で焼き締めます。投げても割れないと言われるほど頑丈なので、その昔はすり鉢をはじめ、大ガメ、壺などの雑器から、高級な茶陶まで幅広いアイテムが作られてきた歴史あるやきものです。

すり鉢と聞くと、上に広がった円錐形が多い中、このすり鉢は、背の低い丸い形をしています。この形がすりやすさのミソ。すりこぎを側面のカーブに沿うように動かすと簡単にすることができます。また見た目以上に重量感があるので、軽く押えれば動きにくくすりやすいのです。食器のような形なので、そのままテーブルに出しても違和感がありません。一陽窯のお母さんに教えていただいた裏技は、すり鉢に胡麻を入れて電子レンジでチンする簡単炒り胡麻。失敗なくおいしくできるので、胡麻和えの出番が増えました。

一陽窯「すり鉢　15㎝」

銅の玉子焼き器

ここ数年で、気づけば我が家の台所は、銅製の調理道具が幅をきかせています。両手鍋、行平鍋《ゆきひら》、やかんなど。収納できずにいくつかは収納スペースからはみ出していますが、素材感や形も美しい道具なので良しとしています。

数年前までゼロだった銅がなぜこんなに増えたかというと、銅の利点を活かした調理で、料理の仕上がりがよくなることを実感したからです。きっかけになった道具は、銅の玉子焼き器。それまで鉄製のものを使っており、それはそれで使いやすいと思っていたのですが、銅の玉子焼き器を手に入れて使ってみたところ別次元の玉子焼きができたので、料理をして久々に感動を覚えました。大げさなようですが、シンプルなものほど違いが出るのと、卵料理は全般的に火加減が難しいので、特に違いが出たのだと思います。ちなみに愛用の玉子焼き器は、東京の老舗銅器メーカー・中村銅器製作所のもの。銅板が厚く、角がきりっと立った美しさが光ります。

まずは卵を流し入れた時の、卵の膨らみ具合に違いが。ふわっと膨らみすぐに火が通るので、すかさず残りの卵を流し入れ素早く焼き上げ。ふんわり空気を含んだような仕上がりで焼きたてはふわふわ。お弁当に入れてもふわふわはキープされていました。

このふわふわを生み出す銅器ならではの特徴は、その熱伝導率の高さにあります。火にかけるとすぐに、かつ均一に熱が広がるので、素早くムラなく熱を通したい卵のような食材にはうってつけ。熱ムラが起きにくいので、一部だけ焦げる心配もなし。すぐに温まり保温性も高いため、鍋が温まったら弱火にしても十分です。火が強すぎると当然全体的に焦げるので火加減には注意を。もう一つ上手に焼くポイントは、銅鍋に限らないと思いますが、油馴れさせて鍋の表面に油の膜を作ること。使い込んで油がなじんだら、ほぼくっつく心配はないと思います。

玉子焼きの腕が上がった（鍋に上げてもらった）ことで味をしめ、銅のフライパンや行平鍋なども増えていきました。日々の出番としてはやかんの頻度が高め。熱がよくまわるおかげでお湯が早く沸くだけでなく、塩素が分解されお湯の味がまろやかになるという利点も。

フライパンも出番が多く、肉や魚がムラなくこんがり焼けますが、持ち手がものすごく熱くなるので鍋つかみは必須。今でもたまに肉や餃子などがフライパンにくっついてしまうことがあります。これは油馴らしが足りないのが原因と思われ、もう少し修行します。

鉄の玉子焼き器には少々申し訳ないけれど、卵という素材には銅の熱伝導率がベストと言わざるを得ません。プロの料理人が愛用するのも銅の玉子焼き器が多いという情報にも頷けます。オールマイティな調理道具もいいのですが、一つの調理に特化して群を抜く道具の魅力も捨てがたいものがあります。

中村銅器製作所「玉子焼き器」

漆塗りの皿

個人的に漆が以前にも増して身近なものになっています。というのも、骨董《こっとう》市などで古物の食器などを集めるのが習慣になっており、元からのヒビや欠けが珍しくなく、せっせと金継ぎをしているためです。金継ぎはご存じのように漆を使います。

昔から漆は塗料の他に、接着剤として多用されてきました。例えば、京都の金閣寺には金箔がふんだんに貼られていますが、接着剤の役割を果たしているのは漆だそうです。金箔の量もですが漆も相当な量ですね。仏像にも漆が接着剤として使われていますし、日本の「木の文化」に漆は欠かせないものでした。漆器は繊細で扱うのに気を遣うといったイメージを持たれがちですが、漆の塗膜は強い酸やアルカリにも負けずとても丈夫なのです。高級な蒔絵の漆器が繊細なイメージを与えたり、電子レンジや食洗機の使用NGがハードルになるのでしょうか。

私も蒔絵の漆器は持っておらず、普段使いの漆器を気兼ねなく使っています。電子レンジは急激な加熱になるので、漆器に限らず気に入っている陶磁器もレンジにはかけないよう気をつけています。漆器はよほどの衝撃でなければ割れませんし、仮に割れたり漆が剥がれてきても修理が可能なので、手入れ次第ではむしろ長い期間使える器です。漆は乾燥が苦手なので、使っては洗いを繰り返すことで、透明感のある艶肌に育っていくのも楽しみです。

漆器の定番といえば汁椀ですが、漆器は断熱性に優れているので、汁物の熱を保ちつつ、手には持ちやすいという点で理にかなった使い方。なによりもおいしそうに見えますね。そして最近の新たなお気に入りの漆器は、漆塗りのお皿です。それもパスタ皿などといわれる直径24㎝の大皿。特に出番の多い富井貴志さんの白漆のリム皿は、白磁皿の感覚でパスタや生姜《しょうが》焼き、炒め物など和洋中を問わずに使いやすい雰囲気です。一番優れていると思うポイントはとても軽いこと。なかにはどっしりとした陶製の器も持っていますが、手に持つと重みが負担に感じられる時があります。富井さんのお皿は、まるで持っていないみたいと言ったら大げさですが、生地が木製であるからか見た目以上に軽いのです。器が軽いと不思議と気分も軽やかに。落とさないように気をつけねばという注意が不要だからでしょうか。表面がマットな仕上げなので、金属のカトラリーの使用も問題ありません。ナイフはやめた方がいいと思いますが、ナイフの出番がそんなに多くないので不自由も感じません。

アイスクリームをただ盛るだけで、レストランのデザートのように演出できるのもお皿の力。料理をおいしそうに演出してくれるので、おもてなし用にも買い足しました。一度使うときっとその使いやすさや、器としての魅力を実感できると思います。

富井貴志「白漆リム皿」

琺瑯の保存容器

残ったおかずや常備菜などの保存容器として、主にプラスチック容器、耐熱ガラス容器、そして琺瑯《ほうろう》容器を使っています。それぞれメリットとデメリットがありますが、使っている容器に対して思うことは、プラスチックのメリットは「価格が安い／軽い／収納もコンパクト」、デメリットは「色や匂いが移りやすい／劣化するとゴミになる」。ガラスのメリットは「電子レンジやオーブンにも使用可／色や匂いが移らない」、デメリットは「重い／少々嵩《かさ》ばる」。琺瑯のメリットは「オーブンや直火で使用可／色や匂いが移らない／汚れが落ちやすい／酸や塩分に強い」、デメリットは「衝撃で表面が割れやすい／電子レンジ使用不可」といったところでしょうか。いずれにもお世話になっています。

機能的な面は置いておいて、保存容器の好みだけで言うと琺瑯が好きです。琺瑯という素材が好きで、お皿やボウル、鍋などの台所道具以外に、ランプシェードも持っていますが、佇《たたず》まいが懐かしさを感じさせますね。ヨーロッパでも歴史が長く、広く使われている素材なので、アンティークショップで古びた琺瑯のバケツやポットなども見かけます。古びても味が出て、インテリアになじみやすいのも魅力です。

そもそも琺瑯とは何なのか。鉄などの金属の表面にガラス質の釉薬《ゆうやく》を焼き付けた素材のことです。頑《がん》丈《じょう》だけど錆《さ》びやすい金属と、変質しにくいけど繊細なガラスを結合させることで、両方の長所を活かした複合素材。すごい技術だなと思いますが、その起源は紀元前1300年ごろに作られた古代エジプト・ツタンカーメン王の黄金マスクだという説を知って驚きです。ちなみに、琺瑯に似た素材で七宝《しっぽう》がありますが、七宝は金や銀、銅などの下地に釉薬を焼き付け、工芸品やアクセサリーなどのアイテムで親しまれています。

愛用している琺瑯の保存容器は、野田琺瑯の「ホワイトシリーズ」のレクタングル深型。野田琺瑯は、国内で唯一、琺瑯づくりの全工程を自社で一貫している琺瑯専門メーカーです。同シリーズの深型は全4サイズあり、私は豆腐サイズから、多めに作った煮物などもたっぷり入るサイズまで3サイズを活用しています。保管時は入れ子にして、使用時は冷蔵庫にスタッキングと、省スペースで使えます。何を入れたか外からもわかるように、マスキングテープに中身を書いて貼っています。

暑い夏場には特にフル活用。琺瑯は素地が鉄なので、しっかり冷えて保冷効果が高いため比較的日持ちもよくなります。ガラス質のおかげで細菌も繁殖しにくく安心です。特にカレーは実は腐りやすいので気をつけたいところですが、多めに作った場合は冷凍して、温める際はそのまま容器を直火にかければ鍋に移す手間も省けます。

知らないうちに角の釉薬が剥げてところどころ鉄が見えていたりもしますが、働いている道具の愛おしさとして受け止めています。

野田琺瑯「ホワイトシリーズ　レクタングル深型」

シリコーン調理スプーン

生活道具はなるべく天然素材や金属素材のものを選び、長く使い続けたいと考えています。違う言い方をすると、なるべくプラスチック製品を選ばないようにしています。といっても完全否定というほど強いポリシーでもないので、洋服の収納ボックスなどは、むしろ軽くて扱いやすいプラスチック製も使っています。昔の衣服の収納といえば柳や竹製の行李《こうり》などの工芸品がありました。実家にもあったので譲り受けてインテリアにしていますが、頻繁に出し入れするものの収納にはプラスチック製のボックスの方が扱いやすいことは否めず。生活に無理は禁物なので、バランスのいいライフスタイルを良しとしています。

なぜプラスチック製を控えたいかというと、使っているうちにどうしても薄汚れてきたり破損したりして、正直あまり長く使えるイメージがないためです。

陶磁器や木製品、金属などは手入れすることで経年変化も楽しめ、割らない限りは比較的長く使えるものばかりです。最近では金継ぎもするので、器も微塵《みじん》に割らなければ直して使っています。

その流れでいくと、調理道具も天然素材や金属が多く、例えばまな板も厚手の木のまな板を使っています。ヘラの類も木製が多く、形違いで何本も持っていますが、それらを押しのけて一気に主力に躍り出たのが無印良品の「シリコーン調理スプーン」です。大人気なので愛用者も多いと思いますが、これほど幅広い方におすすめしたいアイテムはなかなか無いのであえて紹介します。

シリコーンってそもそも何？　と思い、調べたところなんと石からできているとか。鉱物を精製して様々な特性を持った高性能ポリマーが合成され、その一つがシリコーンゴムだそうです。その特徴としては、熱や冷えに強く、200℃程度なら連続で使用しても問題ないという耐熱性の高さ。そして、水弾きのいい撥水性《はっすい》、貼りつきにくい非粘着性など様々。

特徴からも調理ヘラとして最適とわかります。木製ヘラにはない特徴として弾力性もありしなやかなので、鍋やフライパンのソースを残さずすくえます。鍋を洗うのも楽になりました。

この調理スプーンは混ぜやすく、すくいやすい絶妙な形。機能性に繋がるデザイン性も流石《さすが》の逸品です。気になる点を言えば、カレーなどの強い匂いが少々つきやすいですが、それは木製ヘラでも同じこと。私は、おかず用と、ジャムやお菓子用の2本を使い分けています。

シリコーンが何たるかをあまり知らず、プラスチック的な印象であえて使おうとしていませんでしたが、使い勝手のよさに加え、懸念している耐久性にも優れている優秀な調理道具と実感しました。もしかすると知らない人の方が少ないかもしれませんが、私のように「使わず嫌い」な人がいたら是非おすすめしたいです。

無印良品「シリコーン調理スプーン」

焙烙

昨今の台所道具としてはマイナーであろう道具を、このごろよく使っています。それは焙烙《ほうろく》という道具。見たことのない方に説明するのがちょっと難しい形です。両手で包み込めるサイズ感で、基本は素焼きの土鍋の類。丸みのある本体の上部に穴があいており、蓋はありません。持ち手まで一体型で、本体と繋がった持ち手は空洞になっています。意外と歴史は古く江戸時代からあるそうで、土鍋の産地・三重県伊賀市を中心に作られていたと思われます。

土鍋といっても水分には向かず。焙も烙も「火であぶる」という意味の文字であることからも、用途は「あぶる」「炒る」「焙じる」など。ほぼ同じ作用だと思いますが、食材の水分を飛ばして香ばしくする道具です。主に胡麻や銀杏、大豆、玄米、茶などを炒ります。熱が全体にこもり遠赤外線効果があるため、フライパンよりも短時間でおいしく炒ることができるといえるかも。

私の場合、用途がお茶に偏っています。我が家には様々なお茶がありますが、お茶は比較的賞味期間が長いとはいえ、何十種類もあるのでなかなか飲みきりません。

発酵茶の部類の烏龍茶や紅茶、プーアル茶などは、種類や保管方法次第で熟成できるものもあるので、しっかり密封しておけば年単位で楽しめ比較的気が楽です。緑茶は不発酵茶といって、製造工程においてまったく発酵させないので、フレッシュな香りと味をおいしく味わうには、開封後二週間程度で消費するのが望ましいとされています。私の最近の好みは発酵茶や焙煎茶寄りなこともあり、緑茶をこの短期間に飲みきるのはちょっと難しいのです。それならそんなに買わなければいいのですが、個人研究を兼ねているので、気になる茶園のお茶を見つけたらどうしても飲んでみたくなります。

やや溜まり気味の緑茶だったのですが、焙烙で炒って飲むことを始めてから一気に消費が早まりました。お茶を作っている茶園の方には怒られそうですが、しっかりおいしく飲みきっているので許していただきたいと思います。

思えば小さいころから焙じ茶の香りが好きでした。よく通る商店街のお茶屋さんからお茶を焙じる香りが漂い、ずっと嗅いでいたいと思ったくらいです。大人になった今でも焙じ茶は好きで、なかでも「焙じ煎茶」といわれるような、一番茶を程よく焙じたちょっと高級な焙じ茶にはまっています。

緑茶を自分で炒ることで焙じ具合も調整できるのと、焙烙の穴から香りを嗅ぐと一種のアロマテラピー効果があるのかホッとします。緑茶の旨みに甘みも加わって、元のお茶のよさも活かされている気がします。

私の使い方はやや偏っていますが、単純に炒る作業が楽しく、香ばしくおいしくなるのでおすすめしたい、そしてこの先も残って欲しいアナログな道具です。

TOJIKITONYA「焙じ器」

鰹節削り器

鰹節削り器で鰹を削っているご家庭はどのくらいあるのでしょうか。私が小さいころ、近くに住んでいた祖母が台所で鰹節を削っていた姿が記憶に残っています。以前は当たり前だったそんな姿もずい分減ったかもしれません。現代では鰹節パックや、簡単でおいしい出汁の取れる出汁パックも数多く販売されているので、それらを利用する方も少なくないと思います。斯くいう私もその一人。一応こだわっている点は、鰹節パックでも旨みや香りの強い本枯節《ほんかれぶし》を使ったり、パックは開封したら使い切る。そして出汁パックも国産の天然原料のみを使ったものを選ぶようにしています。

それでもなんとなく自分に対して不満がありました。出汁やスープの類が好きで、外食でも汁物がおいしいとそれだけで結構満足。料理も好きなので、味噌や梅シロップ、塩麹などいくつかの保存食を手づくりしています。それなのに、出汁が出汁パックのままでいいのだろうか、と誰に文句を言われるわけでもないのに、頭の片隅で自問自答していました。

実はだいぶ前に買ったものの数回使ったままお蔵入りしていた、鰹節削り器があります。江戸時代創業の老舗鰹節メーカー・にんべんの削り器です。老舗らしく、釘を使わず木を組んで丁寧に作られた重厚感のある削り器。私は形から入る面もあるので、立派なものを選んでいましたが、まさに宝の持ち腐れ。

ここ最近、急にやる気が出て、久しぶりに削り器を引っ張り出してきました。せっかくなら上質な鰹節でおいしい出汁を取りたいので、多くの料理人も指名買いするといわれる伝統的な土佐節の本枯節を取り寄せ。昔ながらの製法で、カビつけと天日干しを4回繰り返し、半年かけて仕上げるそうです。出来上がった本枯節は生の鰹約10kgに対して、約1・6kg。それを聞くだけでも旨みの塊です。腹側の雌節《めぶし》と背中側の雄節《おぶし》とがあり、雌節の方が脂肪分が高くコクのある出汁に、そして雄節は逆に脂肪分が少ないので透明で上品な出汁が取れるとのこと。私は初心者なのでひとまず両方取り寄せはしたものの、まだ使い分けまではできていません。

以前チャレンジして挫折したころは、You Tubeなどの動画も今ほどは普及しておらず（私がなじんでいなかっただけかも）削るコツがよくわからず、イメージしていたふわふわの花鰹とは程遠い、粉っぽい鰹節しか削れなかったのが早い挫折の原因だったと思います。今は検索すると丁寧に説明をしてくれる動画がたくさん見つかるので、それを頼りにトライし続けています。削る作業はあまり得意ではない自覚がありますが、それでも削りたての鰹節と昆布で取った出汁のおいしさは格別。炊きたてのごはんに鰹節をたっぷり載せた、贅沢ねこまんまも最高です。なかなか毎日出汁を取るには至っていませんが、今の調子であれば鰹節削り器が再びお蔵入りすることはなさそうです。

にんべん「鰹節削り器」

セラミック付きの焼き網

10年以上前に、エッセイストの平松洋子さんの著書の表紙に印象的な写真がありました。『おいしい日常』（新潮社）という本で、おいしそうにこんがり焼けたトーストの写真です。今以上にパンにはまっていたころだったというのもありますが、この写真に魅了された人は少なくないと思います。よく見ると、トーストは焼き網《あみ》の上に載っています。このころは、トーストはトースターで焼く選択肢しかなかったので、「パンを網で焼く？」と思ったような。

平松さんはおいしい食材、おいしい料理、おいしい店などとっておきの「おいしい」と、その知恵をご著書などで惜しみなく公開されています。生活道具にも造詣《ぞうけい》が深く、海外のものや骨董《こっとう》などをカジュアルに取り入れた暮らしの様子にも以前から影響を受けてきました。ご自身の生活に根づいた食べ物や道具を紹介されているので説得力十分です。

そんな平松さんがトーストのために愛用されているという焼き網として知ったのが、金網つじの「セラミック付き焼き網」です。今では金網つじの代表商品の一つで、入手困難のようです。

金網つじは京都に数軒しか残っていないという、伝統工芸「京金網」の店。金網細工の仕事は、「針金を手編みして豆腐すくいなどを作る」「既成の網を加工して焼き網などを作る」「曲げ輪に網を張って裏ごしなどを作る」など多岐《たき》にわたりますが、金網つじはそれらすべてを行っている、まさに京金網の専門工房です。京料理に欠かせない道具として洗練されてきた背景もあって、機能性だけでなく、見た目にも美しい道具の数々を生み出しています。

セラミック付き焼き網の特徴の一つはやはりセラミック。セラミックは炭や石焼き芋の石などのように遠赤外線を出す素材です。外はこんがり香ばしく、中は水分をキープしてフワッと焼いてくれます。私の好みの油脂少なめで昔ながらの食パンを手に入れたら、この焼き網でこんがりと焼きます。表面がカリカリのトーストはバターも際立ち、最強のトーストです。

もちろんパンだけでなく、お餅や野菜を焼くと素材の持ち味が完璧に引き出されるように思います。普通のトースターで焼くと素材によっては表面が焦げて、中は焼けてないなんてこともありますが、この焼き網だと短時間でも旨みを逃さずふっくら仕上がり、野菜は塩とオイルのシンプルな味付けで十分です。

以前は昔ながらのセラミックが採用されていたため洗うことができず、長年の使用による劣化もありましたが、現在は洗えるように改良された新しいセラミック素材に変わり、耐久性も上がったことで使い勝手がよくなっています。伝統工芸として守る点は守り、日常の道具なので使いやすく変える柔軟な姿勢は素敵です。便利な家電製品もたくさんありますが、こんなアナログな道具がずっと人気を集めていることはアナログな私も嬉しくなります。

金網つじ「手付きセラミック付き焼き網」

マルチポット

ずっと避けてきた調理があります。それは揚げ物。揚げ物が嫌いなわけではなく、油はねや油の処理が煩わしくて避けてきました。たまに食べたくなったら外食で食べていれば十分。そういう人も少なくない気がします。

ただ、時にはお弁当も作るようになって、揚げ物もレパートリーに入ればバリエーションも豊かになると思いはじめました。一番避けたい油はねが少なく、少量の揚げ物に適した鍋類を探して目にとまったのが、「ToMay《トゥーメイ》」という国内ブランドの「マルチポット」。累計販売数が数十万個だそうで、どうやらメジャーな商品のようです。世間に遅ればせながらこのポットを手に入れてからは、ちょこちょこ揚げ物をするようになりました。比較的間口が狭く、深さがしっかりとあり、ハンドルもコンパクト。狭い台所や収納に対応した、よく考えられた形です。

深さがあると、油はねがしにくいのが嬉しいポイント。間口が狭めなので、油の量も比較的少なく、新聞紙で油を吸い取る処理もそこまでストレスではありません。内面にフッ素樹脂加工が施され、油ぎれがいいので手入れも楽です。MサイズとLサイズがあり、我が家は少人数なのでMサイズをチョイス。一気にたくさんの量は揚げられませんが、今までゼロだった料理法が可能になったことはかなり嬉しい変化です。

それでもカツや天ぷらは専門店の方がおいしいと思うので、相変わらず外食任せ。作るのは唐揚げや竜田揚げ、野菜の素揚げなど素材を活かした簡単な揚げ物です。味付けや衣を自分好みにあっさりと作れるので、お惣菜を買うよりは若干ヘルシーかもしれません。そして揚げ物はやはり揚げたてが最高と実感。例外は揚げ浸しと南蛮漬けです。

ところで、このマルチポットはマルチというだけあって、実は揚げ物専用鍋ではありません。元々、ToMay のターゲットは「狭いキッチンでも料理を楽しみたい」と思っている、主に一人暮らしの人。大きい鍋を並べて置くことが厳しいけれど、自炊は楽しみたいという人向けです。そこで、一台で煮る・茹でる・沸かす・炊く・炒める・揚げる・和えるの7役調理が可能なマルチポットとして開発されたそうです。

私はある意味贅沢に揚げ物専用鍋にしていますが、専用にしても料理のレパートリーが広がったことを思えば十分メリットを感じます。ちなみに我が家の台所も狭いので、多機能な道具もしくは専門性の高い道具しか置かない（置けない）ようにしています。その点この鍋は長く付き合えそう。

ここ最近オール電化の賃貸も増えていますがマルチポットはＩＨにも対応しているので、これから一人暮らしを始める人や新婚さんへの贈り物にしても、しまい込むことなく使ってもらえそうです。

和平フレイズ「ToMay dolce　ＩＨ対応マルチポット　Ｍサイズ」

常滑焼の急須

昨今の「お茶を飲む」行為も昔とだいぶ変わってきました。かつては、お湯を沸かして、急須で茶葉を抽出《ちゅうしゅつ》したお茶を飲むことを指していたように思いますが、最近だとペットボトルのお茶を飲むイメージの方が強いかもしれません。企業の来客時にも、湯呑みではなくペットボトルが置かれることが別に不思議でも失礼でもなくなったような。

総務省統計局の家計調査によると、一世帯における緑茶茶葉とペットボトル茶への支出金額の合計は2000年以降であまり変化はないそうです。ただ、内訳を見ると茶葉は減り、ペットボトル茶が増える傾向でその比率はおおよそ4：6でペットボトル茶が多くなっているとか。急須を持っていない家庭も増えているそうです。

簡単に言うと、「お茶は好き。でも急須で淹《い》れるのは面倒」ということですかね。その傾向は今後も変わらないとは思いますが、一方でコアなお茶好きの方も増えていると実感します。お茶のイベントに行けば大概かなりの集客ですし、小さな茶園が作る限定のお茶は飛ぶように売れています。色々な事柄で二極化が進んでいますが、お茶の世界にも同様のことが言えるかもしれません。

私も若干マニアックなお茶好きなので、お茶は基本的に急須などの茶器で淹れます。外出する際もなるべくマイボトルを持参。茶葉から淹れたお茶は栄養成分面でも優れていますが、単純においしくて香りも良いので茶葉から淹れるのは面倒と思いません。お茶も好きですが、急須やポットの佇《たたず》まいが好きです。日本茶、中国茶、紅茶用に相当数の急須を所持していますが、とっておきの煎茶を淹れる時は、常滑《とこなめ》の陶芸作家・伊藤雅風《いとうがふう》さんの横手の急須の出番が多いです。

愛知県常滑市は常滑焼で有名ですが、なかでも急須に適した陶土が取れることもあり、急須は日本一のシェアを誇ります。雅風さんは出身地でもある常滑の地で、急須を中心としたお茶周りの道具を制作されています。急須は色々なパーツの組み合わせで、陶芸の経験がある私が思うに最も難しいアイテムの一つ。雅風さんの急須は凛とした見た目が美しく、本体と蓋のピッタリ具合にも惚れ惚れ。そして、ご本人がかなりのお茶好きなので、おいしいお茶を淹れるための細かな工夫が施されています。焼締《やきしめ》の急須は土次第でお茶の味も変わりますが、その土造りを昔ながらの製法で取り組む数少ない作家であり、持ちやすさや茶葉の広がりやすさ、注ぎやすさなど、使うと実感できる点を随所に感じます。釉薬《ゆうやく》の掛かっていない焼締は、目に見えない小さな穴があいていて、使うごとに光沢が増してくるので洗剤で洗わないでください。お茶を丁寧に淹れたくなる急須なので、そのひと手間で味わえるおいしいお茶の味を知ったら、もはや手間と感じなくなると思います。

伊藤雅風「焼締急須」

コラム1

中国茶と茶器

私はお酒がほとんど飲めないこともあって、気づけば酒器の類の紹介がまったくありません。逆に急須などの茶道具は何点か登場していますが、実際かなりのお茶好きです。色々なお茶を飲みますが、ここ数年は特に中国茶と台湾茶にはまっています。ここではまとめて中国茶としますが、中国茶の魅力はその幅の広さ、香りの豊かさ、そして茶道具の取り合わせの楽しさにあると思います。

幅の広さとは、その種類の多さ。「鉄観音《てつかんのん》」など銘柄で細分化すると数千種類ともいわれています。それらをわかりやすく大きな分類で六種類と一種類に分けることができます。六種は緑茶、白茶、黄茶、青茶、紅茶、黒茶。残る一種類はジャスミンティーに代表される花茶です。六種の色の違いは、大まかにいうと製法と発酵度の違いにあります。日本茶で一番飲まれているのは緑茶ですが、中国国内で最も生産、消費されているのも中国緑茶です。日本では、青茶に属する烏龍茶が有名ですが、中国茶全体の生産量の中では10%前後とけっして多くありません。

日本で烏龍茶が人気なのは、どなたにも好まれる香りの豊かさにあると思います。かく言う私も青茶は好んでよく飲みます。中国茶の醍醐味といってもいい「香りを楽しむ」という点においては、青茶が一番。青茶の発酵度は約15%から約70%までと幅広く、その違いからも、花、果物、蜂蜜、ミルク、ナッツなど様々な香りに例えられる点はワインに似てますね。

主に青茶の味と香りを楽しむための茶器を「工夫《ゴンフウ》」ともいいますが、工夫茶とは「時間をかけて丁寧にお茶を淹れる」という意味。いくつかの専用の茶器を使いますが、急須にあたる「茶壺《チャフウ》」、小さな湯呑みの「茶杯《ちゃはい》」、ピッチャーのような「茶海《ちゃかい》」が最低限必要な茶器。「聞香杯《もんこうはい》」という香りを聞く（嗅ぐ）だけの茶杯を使うこともありますが、それが無くともお茶を飲んだ茶杯に残る香りの余韻でも十分楽しめます。急須の代わりに、蓋付き碗の「蓋碗《がいわん》」を使う淹れ方もあります。慣れると蓋碗から直接お茶を飲むこともできるので、一人で楽しむ場合はこの蓋碗さえあれば中国茶を楽しめます。

　伝統的な茶壺は、中国江蘇《こうそ》省宜興《ぎこう》市で作られる紫砂壺《ズシャフウ》（素焼きの急須）が有名ですが、宜興茶壺にこだわらずとも、作家ものの茶壺でお気に入りを見つけたり、磁器やガラスの茶壺であれば、お茶の香り移りも気にせず、分類も問わず気軽に使えます。私もお茶の種類やその日の気分で使い分けています。

　中国茶の道具は意外と自由度が高く、「見立て」を楽しめるのも魅力の一つ。片口やピッチャーを、お茶を注ぎ分ける茶海に見立てたり、盃を茶杯に見立てたり。私は古物蒐集《しゅうしゅう》もしているので、季節やテーマに合わせ、古今東西の茶器を自由に組み合わせています。小さな道具が多いので、なんだか大人のおままごとのような楽しさもあるのです。

和晒

以前勤めていた生活雑貨メーカーの中川政七商店では、季節柄の手ぬぐいが人気商品の一つで、特に夏はお祭りや浴衣に合わせるアイテムとしてもよく売れていました。とても日本らしい伝統工芸品だと思いますが、今のように比較的ファッションやインテリアアイテムになるずっと前から、手ぬぐいは日本の生活に欠かせないものでした。

その吸水のよさと乾きのよさから、現代のパイルのタオルができるまではタオル用途といえば手ぬぐいでした。また肌着や寝巻きのような衣類、紙おむつが無かった時代は布おむつにも手ぬぐい生地が活躍していたと思います。

今でも調理の現場、特に日本料理の現場には欠かせません。板前さんが手ぬぐいでまな板や包丁をまめにふいている様子はよく見受けられます。もちろん柄の手ぬぐいではなく、清潔感のある真っ白な手ぬぐいです。白い手ぬぐい生地は和晒《わざらし》ともいわれますが、日本独自の小幅生地です。和晒とは、綿生地を白くする工程のこと。織られたばかりの生地は不純物などでうっすら茶褐色をしていますが、その生地を釜で2、3日ゆっくりと時間をかけて焚きこむことで白くします。生地にはきついテンションがかからず、柔らかな吸水性のよい生地に仕上がるのが和晒の特徴です。愛用のもんぺの内生地にも和晒が使われていて、汗の吸い取りがよく、肌触りがさらっとしているので夏でも気持ちよく履いています。そういえば今はマスクを手づくりする方もいますが、夏用マスクにもきっと向いています。

業務用だと10mくらいの巻物で販売されていて、好きにカットして使います。その自由がきく道具的な使い方も好きなのですが、ハンカチサイズにカットして縁を縫った状態で販売されている「くるみの木」のオリジナルさらしもお気に入りで常備しています。

2023年に40周年を迎えた奈良のくるみの木は、カフェと雑貨屋を併設するショップの先駆けであり、今もなお全国からファンが訪れ、ランチタイムはオープンと同時に満席になるというお店。オーナーの石村由起子《ゆきこ》さんの暮らしから生まれたオリジナル商品も多く、この晒もその一つだと思います。

野菜の水切りや蒸し器の露取りなどに使う他、縁がほつれないのでお客様のおしぼりにはこれと決めています。小さな風呂敷感覚でラッピングに使うことも。後で使えるのもちょっと気が利いているプチギフトになります。作家の器や古い器を集めていますが、高台で傷つきやすい器の間に挟むのにもかさばらず最適。汚れてきたら雑巾にしたり、くったり柔らかくなっているので靴磨きもしやすいです。調理には白くて清潔な状態で使い、その後は掃除にとことん使い倒す。価格もお手ごろなので気兼ねなく使えるのも嬉しいです。毎日の生活に欠かせないので、ストックもしています。潔くて働き者の晒は、なんだか日本らしさを感じる道具です。

くるみの木「さらし」

鉄のフライパン

基本的な家庭料理がまかなえるだけの調理道具は既に持っていますが、その上でいずれ手に入れたい料理道具がいくつかあります。一つ目は電化製品ですが、キッチンエイドのスタンドミキサー。キッチンエイドとは100年続くアメリカの調理器具メーカーです。アメリカでは一家に一台と言われるほど普及しているのがこのスタンドミキサーで、性能も優秀ですが、デザインも完成されておりとてもかっこいいのです。これでお菓子やパンを作りたいのですが、かなり大きいため問題は置き場所です。

次に、鎚起《ついき》銅器玉川堂《ぎょくせんどう》の湯沸口打出《くちうちだし》。一枚の銅板を継ぎ目なく打ち出して形作る完全な手しごとなので無理もないのですが、数十万円するのでしばらく憧れの存在です。

そして、人気過ぎてなかなか手に入らない鉄のフライパンがあります。それは鍛造《たんぞう》作家の成田理俊《たかよし》さんが作るフライパン。個展などではあっという間に売れてしまい、注文だと数年待ち。熱い鉄をひたすら打ち延ばして形づくる鍛造にこだわり、お一人で作業されているので作れる数に相当な限りが。なかなか需要に供給が追いつかないのは想像がつきます。

実は成田さんの鉄のフライパンは既に一つ持っていて数年愛用しています。購入時はまだ比較的手に入りやすい時期でした。その使い勝手のよさに、中華鍋のように丸くて深さのあるアジアンパンも注文していますが、それからかれこれ数年が経とうとしています。

なぜそんなに人気なのか。一見シンプルなのですが、何気ない形ですが似たものはありそうでない、美しい形です。鉄のフライパンといえば、そこそこ厚みと重みがあるイメージですが、成田さんのフライパンはむしろ薄くて軽いのです。はじめは華奢な印象がありますが、鉄なのでもちろん丈夫。加えてしなやかさを感じ、これぞ鍛造のなせる業かと納得。鉄は重いのがちょっと、という方が多いようですが、このフライパンでその先入観は打ち消されると思います。

鍛造といえば、以前包丁を鍛造している工房を訪ねましたが、コークス（炭素質の燃料）の熱さと力一杯打つ作業の過酷さに驚きました。まさに「火造り」という表現がぴったりです。打てば打つほど金属の結晶が整い、頑強な製品になるそうです。さらには成田さんのフライパンは薄いこともあってかものすごく熱の伝わりが早いと実感します。うかうかしていると熱くなりすぎるので、調理にスピードは求められますが、慣れるとオムレツがふんわり、餃子もカリッと仕上がります。

油なじみもかなりよくこびりつきも少ないのでお手入れも楽ですし、使えば使うほどさらになじんでぐんぐん育つ感じも料理好きにはたまらない魅力だと思います。このフライパンの端正な見た目と使い勝手にはまり、恐らく口コミも手伝ってここまでの人気になっているのでは。はたしてアジアンパンがいつ届くかはまったくわかりませんが、届けばきっとフライパン同様日々活躍すること間違いなしです。

成田理俊「フライパン　20㎝」

備前焼のスパイスミル

ここ2、3年でスパイスカレーが、カレーの一つのジャンルを確立したように思います。大阪発祥で全国に広がったといわれており、スパイスカレーのお店が相当増えています。

気になって、実際どの程度人気があるのか調べてみたところ、某グルメサイトの「スパイスカレー」検索数は、2016年から2020年の4年間で約36倍になったとか。店舗数も数倍の伸びを見せているそうです。これは全国的な広がりかと思いきや、函館の知り合いに聞いたところ、函館にはスパイスカレーの店は現状ほとんどないとのこと。函館をはじめ、北海道はやはりスープカレーの文化が根強いみたいです。

そもそもスパイスカレーとは？　イメージでなんとなく理解しつつも、カレー自体スパイスが欠かせない料理なので、あえて接頭語にスパイスを付けたカレーとはこれ如何に。こちらも調べてみたところ、一つの定義として「インド亜大陸の調理法をベースに、日本人ならではのアイデアやアレンジが加えられた、ルウを使わずにスパイスで作られた新しくて自由なカレーのこと」とありました。ふんだんにスパイスを使いながらごはんに合うことは前提のようです。具材に大きな決まりはなく、例えば大根やサバ缶など日本の素材もおいしければすべて正解。

私もカレーは好きですが、大人になるにつれ、小麦粉を使った昔ながらのカレーはちょっと重たくなってきました。また、カレーとナンの組み合わせも、若いころほど量を食べられなくなったこともあり、カレーをチョイスする機会もなんとなく減ってきた中で、初めてスパイスカレーを食べた時は、まったく新しいジャンルのカレーに感動しました。複雑で深みがありつつ、飽きずにまた食べたくなるおいしさ。そして胃にもたれず後味もすっきり。もちろん各店の調理の技もありますが、これぞスパイスの旨みかと思いました。

自分でも似たものが作れるのか未知の世界でしたが、いくつかのスパイスを揃えて自作してみたところ、思ったより簡単、かつ短時間で仕上がりました。しかもおいしい！　まだ色々なアレンジをするには至ってませんが、今後も挑戦していきたい意欲が湧きました。

スパイスカレーを作るためだけに手に入れた道具があり、それは備前焼窯元・一陽窯《いちようがま》のスパイスミルです。備前焼は釉薬《ゆうやく》を使わず、土を炎で長時間焼き締めて作り出されるやきもので、非常に硬くて丈夫。本場インドでは真鍮《しんちゅう》や石などで作られた乳鉢のような道具でホールスパイスを潰しますが、一陽窯のスパイスミルも似た形状をしており、ホールスパイスを入れて、すりこぎでゴリゴリと潰します。スパイスだけでなく、胡麻をすることもできますが、私はあえてスパイス専用に。まだまだスパイスに関しては素人ですが、新たな世界を少しずつ広げてくれそうな小さな相棒として大事にしたい道具です。

一陽窯「スパイスミル」

THE GLASS

器好きの手しごと好きなので、作家の器や古い器をたくさん持っています。棚にはまったく収まっていませんが、好きな器と出会うと手に入れずにはいられません。陶磁器だけでなくグラス類も一棚分を占めていて、やはり手しごとによる手吹きグラスが多いのですが、けっしてプロダクトが嫌いなわけではなく、なかには優れたプロダクト製品も存在しています。

愛用しているプロダクトのグラスといえば「THE GLASS」。「THE」というブランドの定番グラスです。THEは最適を考え抜いて「これこそは」と呼べる定番アイテムを開発するブランド。ファッションやインテリア、キッチン用品など生活にまつわるアイテムを一つ一つ丁寧に作り込んでいて、ロングライフなものづくりの姿勢に共感しています。

そんなTHEが作ったグラスは、最もグラスらしいグラスとは何かを考察して生まれました。形状・容量・素材という三つの観点から、持ちやすく、飲みやすく、耐熱ガラスを使っているメリットとして丈夫で割れにくいグラスが緻密にデザインされています。耐熱ガラスを可能な限り厚く用いていながら、軽やかで余計な装飾が一切ない潔さも好みです。

私がTHE GLASSを使うのは、特にその耐熱性を活かした用途。私は珈琲よりもお茶派で、中国茶を飲む機会も多く、最も簡単な飲み方をする時は、THE GLASSに茶葉を直接入れて飲んでいます。そんな乱暴な飲み方？　と思われるかもしれませんが、中国茶は烏龍茶など、湯の中で大きな葉に戻る種類も多く、葉をよけながら飲みやすいのです。お湯を継ぎ足しながら飲むスタイルは、本場中国でも最も普及している飲み方。緑茶や白茶のように、湯の中で茶葉のゆらめく様子が美しいお茶にもグラスは最適です。普通のグラスでも大丈夫ですが、熱湯を注ぐので耐熱グラスが安心です。

他にも耐熱グラスは特にアッサムやウバなどタンニンが多い紅茶のアイスティーを作る際に本領を発揮します。熱い紅茶からアイスティーを作るコツは、氷で一気に冷やすこと。ゆっくり冷やすと紅茶の成分が白く濁るクリームダウンという現象がおきやすいのです。これは味には影響しないものの、クリアな見た目も味のうち。THE GLASSに氷をたっぷり入れて、濃いめに淹れた紅茶を一気に注いだら、透明でおいしいアイスティーができます。温度変化の激しい急冷式アイスティーでも、このグラスだと割れる心配がありません。作っているのは試験管やビーカーなどを手掛けるHARIO社製というのも品質への信頼感があります。

THE GLASSには某コーヒーチェーン店のようにSHORT《ショート》、TALL《トール》、GRANDE《グランデ》の3サイズがあり、私はロックアイスも入れやすいGRANDE派。使うシーンをイメージするとサイズは選びやすいと思います。

定番プロダクトは買い足し用や割れた時にも、いつでも手に入る安心感もメリット。THEはパッケージデザインにも抜かりがないので、ギフトにも選びやすいです。

THE（THE株式会社）「THE GLASS」

鋳物琺瑯の鍋

料理好きな人の家にはかなりの確率でありそうな鋳物琺瑯鍋《いものほうろう》。台所の主役の座に座っているイメージです。我が家にもありますが、収納の関係でやむなく棚の中で控えてもらっています。お持ちの方はご存じの通り、かなり重たい鍋。それでも人気があるのは、その重量がゆえの蓄熱性の高さで、料理がとてもおいしくできるからだと思います。

鋳物琺瑯鍋が重いのは、金属を溶かして鋳型に流し込んで作られており、いわば金属の塊だから。日本の伝統工芸・南部鉄器も鋳物の仲間です。フランスなどでは200年以上前から鋳物琺瑯鍋が作られていたそうで、「ル・クルーゼ」はフランスの老舗鋳物ブランドとして、日本でも人気ですね。鍋とは思えない鮮やかな色で、日本に入ってきた当初、そのおしゃれな雰囲気に憧れを抱きました。

現在、私が主に使っている鋳物琺瑯鍋は、メイドインジャパンのバーミキュラです。バーミキュラは愛知に本社を持つ鋳物のメーカー・愛知ドビーによるブランド。バーミキュラは、使うとその高い気密性と保温性に、さすが日本製の高度な技術だなと感心します。蓋と本体の接合部分がぴったり合って、まったく隙間がありません。このクオリティが無水調理を可能にしています。

バーミキュラは無水にできるだけでなく、独自発想の遠赤外線の放射熱で、食材本来の味を引き出しながらも、様々な食材の味をまとめあげるのだとか。研究熱心な日本人らしい発想です。ロジカルはさておき、簡単でおいしく、手をかけた料理に見えるのが一番嬉しいポイントです。

無水調理は、特に野菜の旨みや甘みを引き出してくれるので、野菜の水分を引き出してスープやカレーを作るとたとえ肉が少なくても旨みたっぷり。夏はラタトゥイユ、冬はポトフやシチューなどの洋風煮込みから、豚汁やおでんなど和風メニューまで鍋にたっぷり仕込みます。くたくたに煮込まれた素材は身体と心に染みわたり、寒い時期はほっこり温かな気分に。新鮮な野菜が手に入ったら、シンプルに無水で火を通すだけで、調味料もほぼ要らないおいしさです。そして酸にも強いため、酸味の強い果物をジャムにする時や、頻繁に作る鶏肉の酢醤油煮などにも欠かせない鍋です。

鋳物琺瑯鍋は、元々プロフェッショナルなレストラン向けの道具だったのが家庭にも広まったと言われていて、扱いやすさよりもおいしい料理を作る目的がメインの鍋といえます。扱いにくいと言っても重たいということだけ。簡単でおいしいとなれば、むしろ料理が苦手な人にこそ試して欲しいです。

重量感の軽減のために、バーミキュラは蓋と本体の両方に持ち手が付いているダブルハンドル仕様で、持ちやすく設計されているそうです。また琺瑯が傷んでも、何度でも修理対応してもらえるサポートもあり。私は頻繁に使っていますが傷む気配は今のところありません。気遣い満載の鍋は、一時入手困難な鍋と言われていたのも納得です。

バーミキュラ（愛知ドビー）「オーブンポットラウンド　22㎝」

蚊帳生地のふきん

この本を手に取ってくださった方のうち、どれほどの方が「花ふきん」をご存じでしょうか。花ふきんは、私が以前勤めていた中川政七商店の看板商品といって間違いないアイテムです。この先もその座をそうそう譲らないのではないかと思います。私が中川政七商店に入社した2008年当時既にかなりの人気商品でしたが、何を隠そう、私は入社するまで花ふきんを知りませんでした！　それから花ふきんのすごさをじわじわと知ることになったのです。ご存じない方もいらっしゃると思うので、どんなふきんかというと、奈良を象徴するようなふきんであり、工芸の変貌《へんぼう》ストーリーが面白いふきんです。

奈良を象徴するわけとは。花ふきんは奈良の特産生地の蚊帳《かや》生地を使っています。蚊帳生地の特徴は、目の粗い生地で、天然繊維の綿や麻、現代だとナイロンでも織られています。案外その活躍の幅は広く、エアコンなどのフィルターや、虫除け日除けとして農業用寒冷紗《かんれいしゃ》、襖《ふすま》紙と貼り合わせる生地にも使われています。目の粗い生地を織るのも経験や技術が必要で、産地は限られるようです。そのため蚊帳生地のふきんといえば、おおよそ奈良県産といえそうです。

蚊帳生地と名には残るものの、蚊帳自体は私も使ったことがありません。蚊帳の歴史は古く、唐から奈良に伝来したのが最初といわれています。当時は絹の蚊帳など、上流階級向けの高価な品だったそう。江戸時代には、麻を用いた奈良晒《さらし》の発展から、麻素材の蚊帳が、そしてさらに廉価《れんか》な綿の蚊帳が作られるようになると一般庶民にも広く使われるようになりました。生活様式の変化などから蚊帳自体は衰退しましたが、生地は産業資材などに使われ続け、吸水速乾性に優れることからふきんとして活用されはじめると、認知度と人気が高まって、奈良土産としても発展しています。歴史とともに、工芸が利用の形をうまく変えて生き残った好例だと思います。

花ふきんは、今では色や柄がかなり増えていますが、当初はさくら、菜の花、若葉など花の名前がついたやさしい色合いの綿六色と麻のラインナップで、よくできた商品名だなと社員ながらも感心した記憶があります。二枚仕立ての薄手で大判というのも特徴で、広げて食器ふき、畳んで台ふきと使い勝手も考えられています。洗うたびに糊《のり》が取れて柔らかくなるのですが、個人的には使いはじめに集中して何度か洗う方が、ふきんとしてのポテンシャルを活かせると思います。ふわふわになった花ふきんはタオルや風呂敷、汗をかく作業の時は首に巻いたりなど、ふきん以外の使い方も工夫次第。災害時にも役立ちそうなので防災グッズの中に数枚入れています。これに関しては使わずじまいである方が喜ばしいのですが。

最近では、ほしよりこさんの漫画『きょうの猫村さん』（マガジンハウス）に登場する猫村さんの花ふきんも人気のようで、猫好きの私は使えずに取ってあります。

中川政七商店「花ふきん 白百合」

エッグベーカー

好きな食べ物を聞かれても身近すぎて忘れがちな存在の卵。実は好きな食材のなかでもかなり上位で、かつ身体の栄養のためにも毎日1、2個食べたいのですが、意外と食べられていませんでした。朝食におかずを食べる習慣があれば1個は食べられそうですがその習慣もなく、昼か夜に意識して使うようにしています。

国際薬膳師の資格を取った際、食材はそれぞれ性質、味、効能を持っていることを学びました。効能を語る上で「帰経《きけい》」という理論があり、食材が身体の臓腑のどの部分に影響があるかを示したものです。五臓と言われる「肝・心・脾《ひ》・肺・腎《じん》」のどの経路に作用を発揮するかが、食材ごとに認められています。一経の場合もあれば多経に帰する食材もあります。

卵は五臓すべてに働きかける数少ない食材で、どんな体質の方でも食べやすく、薬膳的にも万能栄養食に位置づけられています。滋養・滋潤《じじゅん》の効能があり、元気と潤いのもとと言えます。

そんな栄養のこともありますが、単純に卵の風味が好きです。半熟の黄身のとろっと感は何度食べてもおいしいですね。卵の風味が強いスイーツも好きで、昔ながらの固めのプリンやカスタードクリーム、あまり出会えませんが黄身餡《あん》の和菓子もかなり好きです。

簡単でかつ半熟感を味わえる卵料理の代表といえば、ゆで卵と目玉焼き。どちらも手軽とはいえ、理想の固さにするにはちょっとしたコツや、数分の時間を要しますが、それをさらに短時間で簡単に半熟の目玉焼きが作れる道具を手に入れました。それは長谷園《ながたにえん》の「エッグベーカー」。手のひらサイズの小さな陶器のフライパンという感じで、同素材の蓋も付いています。

長谷園は三重県伊賀《いが》市にて江戸時代に創業し、八代続く老舗の伊賀焼窯元です。伊賀は良質な陶土の産地であることから、昔から行平《ゆきひら》や焙烙《ほうろく》、土鍋などが作られてきました。長谷園も多くの機能的な土鍋を作っていて、炊飯土鍋「かまどさん」などが人気です。

エッグベーカーはその名の通り、目玉焼きを作るのに最適な調理道具なのですが、便利な点は電子レンジにかけられること。卵を割り入れ、蓋をして電子レンジで約1分半で目玉焼きの出来上がり。あっという間で手間いらず。小さくても土鍋なので、もちろん直火もＯＫ。オーブンやトースターでも使えます。遠赤外線効果で直火でも早く火が入るため、香ばしさが欲しい場合はやはり直火がおすすめ。

目玉焼きだけでなく、野菜にチーズを載せて焼いたり、この道具があることでアヒージョのようなおしゃれなメニューも作りたくなります。お惣菜の温め直しにも頻繁に活用。かわいいのでそのまま食卓に出せるのもありがたいポイントです。「卵を食べないと！」と思い立ったらすぐに作れるので、卵の消費サイクルが心なしか早くなった気がします。

長谷園「エッグベーカー　大」

砥石

一般的な家庭では、包丁はどのくらいの頻度で研《と》ぐのがいいのでしょうか。これには正解がなく、包丁の切れ味が鈍ってきたなと思った時が研ぎ時だとか。切れ味に影響するのは、包丁のクオリティによるところが一番の要因のようです。「よい切れ味が長く続く」のがその包丁が持つ素養だというプロのお言葉も。そして切れ味は、包丁を使う頻度や、実は切り方やまな板によっても変わってくるといいます。叩きつけるように切る方はいないと思いますが、包丁の当たりがやさしい木製のまな板で、食材に対して滑らせるようにしてスッと切る方が、切れ味を長持ちさせることは間違いないです。

そして、切れ味が食材のおいしさ、そして料理のおいしさに影響することは味覚の研究でも実証されているそうです。例えば、切れ味の落ちた包丁で切ったトマトは水分と共に旨みも逃げてしまうそう。そしてピーマンは苦味も酸味もアップ。鮪《まぐろ》も旨みが減ってなんと苦味が増加するそうです。言わずもがな、見た目もイマイチなのでもったいないですね。

放っておくと切れ味が悪くなるのと比例して、研ぐ手間もどんどんかかるようになるので、こまめに研ぐ（理想は一、二ヶ月に一度のペース）ことを心掛けたいです。

心掛けたいと言っている私は、そこまでのペースではなかなか研げておらず、せいぜい三、四ヶ月に一度のペースが現実なので、もう少し頑張らねば……というところです。せめて、年末は包丁総点検としていつも以上に丁寧に研ぎ、新年の料理はじめも気持ちよく迎えたいところです。

愛用している砥石《といし》は、新潟県三条市《さんじょう》のメーカー・庖丁工房タダフサのオリジナル。三条市は隣接する燕市《つばめ》とともに、鍛冶産業を中心とした「ものづくりの町」として知られています。タダフサは昭和23年（1948年）創業の包丁専門メーカー。伝統的な鍛造《たんぞう》技術を活かして、家庭用からプロ向けまでの包丁を製造し、基本シリーズのパン切りは一時二年待ちだったこともあるという驚きの人気包丁です。

砥石は粒度の違いで四種類ありますが、一つ持つなら#800の中砥《なかど》といって、中くらいの細かさをおすすめします。砥石台とのセットなので、なにより安定して研ぐことができます。

ワークショップでも体感したのですが、「研ぐコツは角度にあり」です。砥石に対して上から見た角度は約45度（砥石と包丁がクロスするように）、横から見た角度は約15度を保った状態で、全体をまんべんなく研ぎます。焦りや、変に力を入れることは禁物。それで早く綺麗に研げるわけではないので、落ち着いて角度をキープしつつ集中して研ぎましょう。

研ぐにも慣れが大切とのことです。とはいえ「刃の形を整えたい」「刃こぼれを起こした」などの場合は、無理をせずプロである包丁屋に研いでもらうのが良いと思います。タダフサも自社製品だけでなく、他社製品の研ぎや修理に関する相談も可能だそうです。

砥石は、年に数回の活躍ではありますが、これが無いと包丁が本領を発揮できないということで、まさしく「台所の名脇役」の一つです。

庖丁工房タダフサ「砥石#800　基本セット」

木皿

朝食はパン派かごはん派かという、日本人の定番ともいえる質問があります。様々な統計がありますが、まず朝食を毎日食べるという人は全体の約7割。そのうち、近ごろはパン派に軍配が上がるようです。それも関東より関西の方がパン派が多いとか。私もよく京都を散策しますが、必ずパン屋さんを見かけるほどパン屋が多い街です。

私は数十年変わらず、パン派です。パンとヨーグルトとミルクティーが毎朝の定番メニュー。かなり規則正しいタイプです。体質的には小麦を減らした方がよさそうなので、量は少なめ、できるだけライ麦や全粒粉のパンを選ぶようにしています。それでもなかなかゼロにするのは難しいところ。

そしてここ数年、パン皿として愛用しているのは後藤睦《むつみ》さんが作る木皿です。後藤さんは、伝統工芸の南木曽《なぎそ》ろくろ細工で修行後、独立して長野県にて和ろくろによる挽物《ひきもの》を制作されています。ろくろの技術の高さを感じる繊細で美しい漆器から、無垢《むく》の木の質感を活かした器まで幅広い作風です。この木皿との出会いはクラフトフェアまつもとにて。何人かの木工作家さんが出展されていましたが、パンケーキのような形の木のお皿に目がとまりました。ぷっくりと厚みのある木皿はあまり見たことがなく、丸みのある形は好みでもあることから購入しました。シンプルなフォルムですが、木の素材の違いや、木目が一つ一つ違うので表情もまちまち。選ぶのにかなり時間がかかりました。

ろくろでツルッと美しく削った後にオイルで仕上げているので、乾き物のパン以外にも、サラダやおかずの取り皿にも使えますが、私はあえてパン専用のお皿にしています。その絶妙な湾曲具合によりパンの表面がお皿に接することなく、トーストが蒸れずにカリッとした状態が保たれるのです。まさにパンをおいしく食べるためのお皿といえます。油脂のあるパンを載せた後も洗い流さず、キッチンペーパーでしっかりふき取れば十分で、少しずつ色艶よく育っていくのも嬉しいものです。何年も使っていますが、木肌が毛羽立つこともなく、手触りのよさが変わらないのはつくりが丁寧な証拠。

木製の食器は扱いが難しいと思われるかもしれませんが、少し気をつければ特に難しくはありません。水に浸けっぱなしにしたり、濡れたまま放置をせず、洗ったらすぐに水気をふき取りましょう。食洗機や電子レンジの使用は不適です。オイルフィニッシュや表面加工の有無で、油物や汁物に適さない場合があるので、購入時に確認すると安心ですね。艶が無くなってきたら、えごま油や亜麻仁油、クルミ油などの乾性油を数滴なじませ、キッチンペーパーでのばすようにふき取ります。使用すればするほどお手入れにもなり、どんどん深みが出てくると思います。

実際に使って納得がいくと、同じ作り手のものが増える傾向にありますが、後藤さんの木皿も一枚ずつ増えている道具です。

後藤睦（ゴトウ木工所）「パン皿」

ガラスの果実酒びん

梅雨や入梅には、「梅」という字が使われているように、梅の実の成長に雨の存在は欠かせません。6月の梅雨時、恵みの雨で大きく膨らんだ梅の実が八百屋さんやスーパーの店先で積まれ、梅酒用の瓶などとともに陳列されたコーナーを目にします。梅干し、梅酒、梅シロップなど、昔から日本人はこの時期に集中して梅仕事をし、夏に向けた準備をしてきました。梅は民間療法にもよく使われますが、身体の熱を冷ましたり、喉の渇きを潤したり、夏バテ回復や食中毒の予防にも効果的とされています。暑い夏に向けて梅を仕込むのはとても理にかなった作業であり、日本人らしい暮らしの知恵だと感じます。

個人的な思い出としては、幼いころ近くに住んでいた祖母の家の庭に、何本か梅の木があり、たわわに実った梅の実を夢中になって収穫していました。祖母が梅酒をたくさんの瓶に漬けていたのを覚えています。今考えると、お酒に弱い家系なのでほぼ飲まれずに約10年ものの梅酒もあった気がします。それでも不思議と毎年漬けたくなるんですね。

現在住んでいる奈良県でも梅の栽培は盛んで、私が中川政七商店に勤めていたころからお世話になっている吉野の堀内果実園でも梅は主力果物の一つ。以前、6月に伺った際にはまさに梅の実の収穫時期で、たっぷりお裾《すそ》分けを頂きました。専門家だけあって、梅酒やシロップ以外に、醤油漬けや味噌漬けのおいしさも教えてもらいました。

小さいころから身近だったこともあり、私もこの時期は梅の実を漬け込みたくなりますが、お酒は弱いので梅酒ではなく、暑い季節にゴクゴク飲める梅シロップをたっぷりと作ります。梅の実1kgを漬け込むには、最低3ℓ程度の瓶が適当サイズ。大きな瓶で存在感もそれなりにあるので、台所の近くに置いてあってもかわいい瓶として、アデリアの「復刻梅びん」を使っています。なにゆえ復刻かというと、瓶メーカーの石塚硝子《がらす》が、1962年の酒税法改正の年に果実酒瓶の製造を開始しました。同社アデリアブランドの果実酒びんが発売50年目を迎えた2012年に、当時の瓶を復刻したのがこの梅びんです。渋い赤色の蓋と、ステンレス製の持ち手のデザインが、レトロでもあり新しさも感じさせます。珍しいのは、ステンレス製のレードルがセットになっていること。瓶が重たく深いので、仕上がったシロップをすくうにはレードルが欠かせません。気が利いているといえば、果実酒のレシピも付いているので、果実酒作りが初めての方にもおすすめです。それこそ初心者の方にはプレーンな梅シロップのアレンジで、青梅と氷砂糖それぞれ1kgに、酢を20cc加えるレシピはいかがでしょう。酢で味が引き締まり、酢の力によって、シロップが発酵して失敗する恐れが少なくなるようです。

山地に囲まれた盆地である奈良の夏は本当に蒸し暑いので、梅の力を借りて夏を乗り切りたいと思います。


アデリア（石塚硝子株式会社）「復刻梅びん　3ℓ」

コラム2

薬膳と陰陽

昔から東洋医学に興味があったのと、料理や食べ物が好きなので、それを組み合わせた発想の薬膳の勉強をして資格を取りました。医学というとハードルも高く、経絡やツボは若干かじって早々に終わりましたが、薬膳は毎日の食事に活用できて、自分や家族の健康維持や不調改善にも役立つのでとても実用的です。

「薬膳」という言葉が誤解を生みやすく、薬のイメージが付いて回りますが、現代では「治未病《ちみびょう》」という、病気にならないための予防のための食事という目的が主流です。漢方薬の原料にもなる生薬を使用して効果を高める場合もありますが、予防的な食事であれば、スーパーで手に入る身近な食材を組み合わせることで薬膳を作ることは十分可能です。食材の組み合わせや調理法で、相乗効果が生まれたり、逆にマイナスになる場合もあるという考えが専門的でもありますが興味深い点です。

薬膳の基盤でもある中医学は、中国の古代哲学から生まれた医学なので、その医学思想の中には素朴な宇宙観が多く含まれています。基本のキの考えに陰陽学説がありますが、「陰陽」を表した太極図は見たことがあるかもしれません。この学説によれば、すべての事物には表面と裏面があって、表が「陽」、裏が「陰」となります。例えば「天は陽／地は陰」「昼は陽／夜は陰」「太陽は陽／月は陰」「春夏は陽／秋冬は陰」などはイメージしやすいかと思います。他にも「男性は陽／女性は陰」「陽を浴びる背中は陽／腹部は陰」「活動は陽／休息は陰」などなど。陰という文字から陰気で暗いといったマイナスな印象を抱くかもしれませんが、けっしてそうではなく、陰も陽もどちらが欠けても存在できません。対立しながらも、片方が過ぎないようにバランスをとっています。

薬膳で捉えると、食材にも身体を温める陽のものと、身体を冷やす陰のものがあります。温めるものには唐辛子、生姜、葱、胡椒、シナモン、韮、鶏肉、海老、紅茶など。冷やすものにはすいか、トマト、きゅうり、豆腐、大根、苦瓜、緑茶などがあります。例えば、口が渇いたり冷たいものを好む方は比較的体内に熱がこもっているので、唐辛子などの辛い食事は控えめにして、身体の熱を取る食材を摂ることをおすすめします。逆に冷え性の方は温める食材を意識して摂りましょう。

食材だけでなく、調理法にも陰と陽があります。生は基本的に陰性。揚げる・焼く・炒める調理法は陽性。そして煮る・茹でる・蒸すなどはどちらにも偏らない中庸《ちゅうよう》なのでどなたにもおすすめの調理法です。冷えのある方は生ものは控えて温かい料理にしたり、冷たい料理には薬味を添えるとバランスがよくなります。暑がりの方は、揚げ物ばかりに偏らないように心掛けましょう。料理法の陰陽はわかりやすいと思うので、薬膳の知識が無くても参考になると思います。ちょっとした工夫で養生を始めることができます。

太極図

竹のお箸

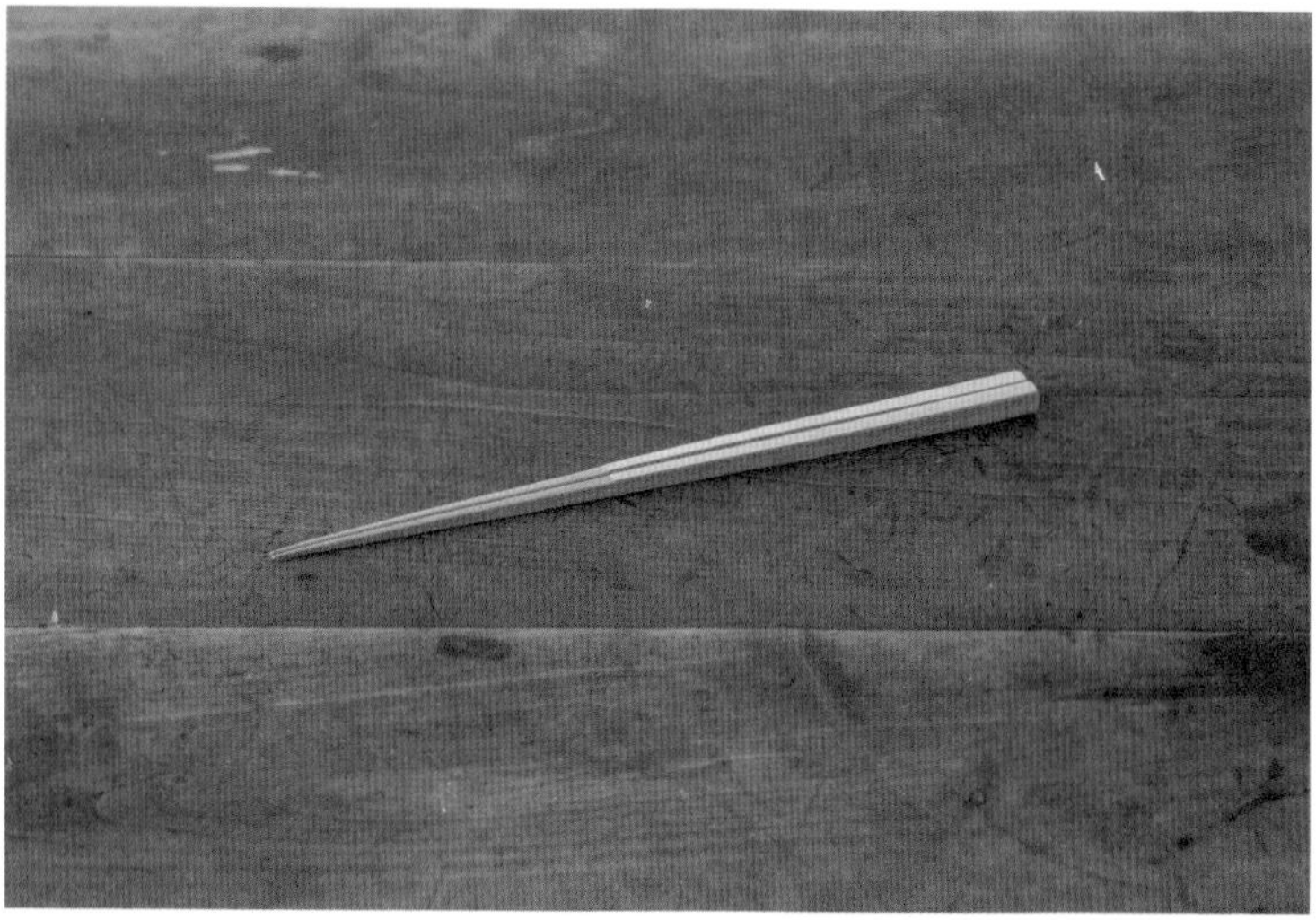

日本の食卓には当たり前に存在するお箸ですが、各自マイご飯茶碗があるように、マイ箸がありそうなパーソナルなアイテムなので、どなたにもおすすめできるものを限定するのは難しさがあります。お箸の専門店に行くとたくさんのお箸が揃っていて、いざマイ箸を選ぼうにも迷いがちですね。ある程度絞り込むために、自分に合ったお箸の選び方にはいくつかのポイントがあります。

まずは手に合うサイズで選ぶ。手に合う箸の長さは「一咫半《ひとあたはん》」が目安です。これは、親指と人差し指を直角に広げた長さの1・5倍の長さにあたり、持ちやすいのと、持った時の見た目のバランスも美しいです。太さは適度な太さがある方が手になじみやすいといわれていますが、実際に持ってみてしっくりくるかを確かめます。重みも然り。軽い方が好みな人と、ある程度重量感がある方がしっくりくる人がいると思います。

そして、お箸は色々な食材をつかむ道具なので、使いやすさを重視するなら箸先も重要。麺類やぬるっとした食べ物には、丸い箸先よりも角があったり滑り止めがあるお箸が使いやすいです。デザインや価格なども幅広い選択肢が存在するので、最後は好みや予算で選びましょう。基本的に毎日使うもので、どうしても傷みやすくなるので、何膳かローテーションさせるのもいいかもしれません。

私もメインとなる塗りのマイ箸を持っていますが、だいぶ色が褪《あ》せてきたので新たな箸を迎え入れました。あまり使ったことのない竹製のお箸です。これは中川政七商店オリジナルの「魚のためのお箸」。中川政七商店は、日本の工芸を製造背景にした、様々な暮らしの道具を提案しています。

このお箸も、熊本県の竹箸メーカー・ヤマチクとともに作ったお箸とのこと。純国産の天然竹にこだわってお箸を作っているメーカーは少ないそうです。竹は木材のなかでも比較的加工難度が高いとされていますが、このお箸の箸先は約1・3㎜と相当の細さ。それも、商品名の通り魚を食べやすくするための創意工夫とのこと。そして箸先は丸ではなく、四角なのでより細かな所作がしやすいです。魚を食べやすいということは、豆腐や素麺《そうめん》など若干つかみにくい他の食材もつかみやすく、そして箸先が細いと口あたりがとても上品です。同じものを食べても繊細でおいしく感じます。あまりに細いと強度の心配がありますが、竹はしなりがよく折れにくい素材。非常に軽いので重みのあるものが好みの方にはもしかしたら頼りないかもしれませんが、22㎝という長さ的にも主に女性に好まれそうなお箸です。おいしく感じさせてくれるということで、お客様用にも何膳か揃えようかと思います。

中川政七商店「魚のための箸」

白磁のピッチャー

いつのころからか、母からも「茶飲みばあさん」と呼ばれるくらい、私はお茶をよく飲んでいます。自分のお茶好きがいつに始まったか記憶は定かではありませんが、思い返してみると若かりしころの流行りなども影響しているのかなと思います。

地元から近くて学生の時にもよく遊びに行っていた吉祥寺にお気に入りのカフェがあり、珈琲よりも紅茶やハーブティー推しだったので、ポットでサーブされるお茶を大人気分で楽しんだ覚えがあります。

英国式のアフタヌーンティーが日本に入ってきたのは20代前半のころ。影響を受けて、スコーンなどを載せる三段式のスタンドを買ったりもしましたが、使わずじまいです。そしてパリのマリアージュ・フレールが銀座に出店したのは20代後半のころ。パリの雰囲気そのままのおしゃれな内装や商品に胸躍りました。同じころ、中国茶の第一次ブームもやってきて、当時勤めていたお茶の商社が中国茶カフェをオープンさせたので、仕事でもどっぷりお茶に浸かっていました。その分プライベートではちょっとお茶離れしていたかもしれません。

ここ数年は中国茶教室に通っていることもあり、中国茶を中心に、日本茶も小さな茶園が作る個性的なお茶をあれこれ試したりしているので、以前よりも若干マニアックなお茶の楽しみ方をしています。世間的にも、お茶好きな人向けのイベントが意外と多く、ディープなお茶ブーム到来かと感じています。

我が家には数十種類の茶葉があるので、日替わりのようにお茶を淹《い》れて飲んでいます。人間の一日あたりに必要な水分量が2・5ℓといわれていて、そのうち飲料水で補う必要がある水分量は実質1・2ℓだそうです。私はそれをほとんどお茶で摂っています。

それだけの量のお茶を淹れるとなると、忙しい日常では小さな急須だと間に合わず、大きなピッチャーをポット代わりにして淹れています。片口の、持ち手がある、約1ℓサイズの大きなピッチャー。これを作っているのは、陶芸家の中本純也さん。自ら作り上げた薪窯で白磁の作品を制作されています。白磁というと均一でシンプルな白い器をイメージするかもしれませんが、中本さんの白磁は、薪窯ならではの複雑な火のあたり具合で生まれる深みのある白、温かみのある白が魅力です。ぽってりと丸みのある愛らしいピッチャーですが、このピッチャーを見ると中本さんの作品とわかるくらい、他にありそうでなかなか無い存在です。水差しや花入れにもいいと思いますが、私の中ではお茶専用のポット。蓋はあるもので代用しているので問題ありません。同じような使い方をしているお茶好きさんもきっといるだろうと勝手に思っています。これでたっぷりと淹れたお茶を飲みながら過ごすのが私の日常ですが、もちろん小さな急須で淹れることもあることを補足しておきます。

中本純也「白磁ピッチャー」

漆のお椀

お正月には日本独自の風習が多く残っています。当たり前になっていることでもすべて本来の意味があるので、それを知ると同じ風習でも感じ方が違ってくる気がします。

例えばお年玉も今はお金が主流となっていますが、元々はお餅を分け与えるものでした。丸餅は魂を象徴するもので、歳神様から新年の魂、すなわち一年分の力を授かると考えて、家長が家族に餅玉を与えていたとのこと。昭和の高度経済成長期には都市部を中心に、お金を子どもにあげるのが主流になったといわれています。とはいえ、子どもにお年玉の由来を伝えてもピンとこないかもしれませんね。

そしてお正月の食べ物といえばお雑煮。室町時代から縁起のいいハレの日の料理として食べられはじめ、長寿や円満などの意味も込められています。ちなみに実家では、関東出身の父好みのすまし汁のお雑煮と、関西出身の母好みの白味噌仕立てのお雑煮の二種類を日替わりで食べていました。今は自分でどちらかを作りますが、基本的にお正月のみの料理となっているので、もっと願いを込めて戴かねばと思います。

お雑煮はハレの料理ということで、器にはやはり漆のお椀が最適。実家には華やかな蒔絵の蓋椀もありますが、自分で作る時にはもっと気軽に、普段使いの漆椀から選びます。無地の正統派も持っていますが、最近のお気に入りは漆作家の加藤那美子さんのお椀です。加藤さんは「うるし劇場」というユニークな屋号で活動されていますが、その作風もかなりユニーク。一見ラフな手描き模様が特徴で、水玉や格子などの伝統文様を大胆に配置したものや、パンダや猫、リボンや車など具体的なモチーフを描いたものなど、斬新に映ります。

加藤さんの漆器とは、京都の漆器専門店で出会いました。見たことのないラフなイメージの漆器に初めは戸惑いました。それまで漆器に抱いていた渋み、端正などの概念とはまったく違う、自由な発想の漆器です。手に取りやすくじわじわと魅了され、溜塗《ためぬり》に朱の大きな水玉が描かれた椀とボーダー柄のお箸を求めました。

水玉の椀は、和風過ぎないので洋風メニューや果物、お菓子を入れても違和感がありません。漆器にハードルの高さを感じる方にもおすすめで、毎日自然と手が伸びる器になるのでは。ケの日にももちろんですが、ハレの日のお正月にもクラシカルなメニューの中で、お椀の楽しげな雰囲気がアクセントになりますよ。

漆器で食べるお雑煮やお味噌汁のおいしさを子どものうちから味わうといいと思いますが、動物や車などの絵柄のお椀なら、小さなお子さんも楽しく使ってもらえる気がします。画風はかわいいのですが、なんと細いお箸にも猫が描かれていたり、その技巧にも驚きます。

伝統工芸に新しい風を吹き込むととても新鮮。基本がある上での自由な発想力には学ぶところがあると感じたお椀です。

加藤那美子（うるし劇場）「赤いドットのボウルM」

アルミの寄せ鍋

夏の名残と秋の気配が混在する時期から、食卓にも徐々に秋らしい食材と温かいメニューが増えてきます。本格的な鍋料理には少し早いかもしれませんが、軽い煮込み料理や温かい汁物などを身体も自然と欲してきます。一年のなかでも特にこの時期に活躍するのが「ダイヤ印のアルミ寄せ鍋」です。

大阪・東大阪市にあるアルミ製品メーカーの協栄金属工業株式会社が作っています。東大阪市には大小約6000もの工場が存在し、「何でも作れる東大阪」と言われている地域ですが、そのなかでも実用的なアルミ製品の専門工場はかなり少なくなっているようです。

こちらの工場では、鍋やケーキ型、食器などの家庭用から、食品工場などで使われるラックやトレイなどの業務用まで、幅広いアルミ製の道具を製造しています。私が小学生のころは給食のトレイなどがアルミ製だったような気がしますが、1970年代には樹脂の食器も増えて、その後、強化磁器食器などに変遷しているようです。昭和世代には懐かしい素材ですが、平成世代にはかえって新しさもあるでしょうか。

アルミ寄せ鍋は昭和32年（1957年）から今も変わらず、職人の手で丁寧に作られています。過去に工場を見学したことがあり、一見量産品のようですが型抜きから成型、検品まで、機械を並用しながらも想像以上に手がかかっていることに驚きました。

直火にかけられ、そのまま器にしても違和感なく、洗い物も少なく済んで便利。品名通りの寄せ鍋としてはもちろん、ラーメンや煮込みうどん、湯豆腐など様々な料理に使えます。アルミ特有の熱伝導率の高さで、驚くほど早く熱くなるので調理時間が短縮でき、急ぎの時も助かります。

意外な使い方として、ダイヤ印ブランドの製品を多く扱うカフェが大阪にあり、食事メニューにもアルミ鍋を使っていますが、夏場はかき氷の器としてアルミ鍋を使っているそうな。キンキンに冷やされたアルミ鍋に水滴がつき、見た目からも涼が取れるのでは。かき氷器があれば真似してみたい使い方です。

スタッキング収納もできるので、家族人数分を持っていても嵩《かさ》ばりません。食事の時間がまちまちな家庭でも重宝すると思います。薄手で軽く作られているので、若干変形しやすさはありますが、多少の凹みなども不思議とかわいく感じてしまいます。古びないシンプルなデザインに機能美も素晴らしく、2012年には「グッドデザイン・ロングライフデザイン賞」を受賞しているのも納得。現在もセレクトショップやアパレルショップなどでも扱われており、私が見学したころは生産が追いつかない人気でした。

ポトフのような洋風のメニューにも意外と合うのですが、やはり一番マッチするのは卵を落としたインスタントラーメン。熱々のラーメンを直接鍋から食べるといつもよりなぜかちょっとおいしく感じます。

ダイヤ印（協栄金属工業株式会社）「寄せ鍋」

鋼の三徳包丁

調理道具の中心的な道具といえば包丁ではないでしょうか。ブランドや種類も非常に多いので、ベストな一本を選ぶのが難しいアイテムでもあります。

以前立ち上げに関わった包丁ブランド・庖丁《ほうちょう》工房タダフサの開発ポイントも、種類をグッと絞る点にありました。ただでさえ種類が多く専門的で、どれを選んだらよいかわかりづらい包丁には、クオリティやデザインなど複数の要素がありますが、種類を絞って選びにくさを解決することで需要が高まった印象的な実例です。

個人的に究極の一本を選ぶとしたら、切れ味優先で鋼《はがね》の三徳包丁を選びたいと思います。ちなみに鋼は、刃金とも書きます。鋼が持つ、硬さと粘りという二つの要素が包丁に最適な素材です。鋼は焼き入れで硬く、焼き戻しで粘り強さが出ます。焼き入れは約800℃に加熱してから急冷し硬くする工程。そして、硬いだけだと折れやすい状態の鋼を約180℃で再加熱する焼き戻しをすることで折れにくい弾力性を生むのだそうです。

私が愛用している鋼の三徳包丁は、大阪府堺《さかい》市の佐助《さすけ》製。「鋏鍛冶《はさみかじ》」を名乗っており、植木鋏や盆栽鋏などの鋏から包丁、小刀など幅広い刃物を造る、五代続く老舗です。堺市は、新潟県の燕三条《つばめさんじょう》や岐阜県関《せき》市などと並ぶ包丁の産地で、「打刃物《うちはもの》」という鋼と鉄を打って鍛えて作り出す刃物を誇ります。堺打刃物は600年以上の歴史があり、プロの料理人が使用する和包丁のシェアが圧倒的に高いといわれ、それだけの品質と信頼を維持している産地です。鋼と軟鉄という異なる金属を打ち合わせる刃金付けという工程は、切れ味と耐久性が特徴の打刃物において非常に重要です。さらに佐助では独自の焼き入れ法で刃の硬度を高めているそうです。

予約をすれば見学も可能なので、私も間近で鍛造の迫力を体感しました。カンカンに熱した鋼を一気に打ち合わせる工程では火花が飛び散る大迫力。昔から変わらぬであろう鍛冶師の職人技を見てすっかり欲しくなり、手になじむ一本を選んで名入れをしてもらいました。名前が入るとマイ包丁という感覚が強くなり、大事に長く使おうと思います。鋼の包丁は定期的な研ぎも必要ですが、それはステンレスの包丁でも同じこと。慣れてしまえば難しくありません。無心に研ぐ時間も意外といいもので、研ぎ終わった包丁でトマトやパンがすっと薄く切れると快感。水が付いたまま放置すると錆《さ》びやすい難点はありますが、錆が出たら放置せず、佐助さんの助言に従って、「サビトール」というクリーナーでさっとこすれば解決です。使い続けることで、次第に味のある色合いに落ち着いていきます。

佐助「文化包丁 16・7㎝」

南部鉄瓶

朝一番に使う台所道具といえば、毎日決まって鉄瓶です。朝食には、ケニア産の紅茶で作った濃いミルクティーが長年の定番となっているので、そのためのお湯を沸かすためです。夏でも温かい紅茶を飲みますが、やはり涼しくなって乾燥も進む秋が一番おいしく感じられます。それこそ秋冬は、家にいるあいだ温かいお茶を淹れるので、鉄瓶は休む間がありません。お茶の味は、もちろん茶葉と淹れ方にも左右されますが、水、そしてお湯の味も大きく影響します。

鉄瓶で水を沸かすと、鉄イオンと塩素が反応して塩素が分解除去され、沸かしたお湯の味がまろやかになるといわれています。他の素材のやかんでも、しばらく沸騰させることで塩素は取り除かれるのですが、特に白湯《さゆ》を飲むと味の違いを実感すると思います。もちろんお茶やコーヒーの味や香りも引き立ち、とあるお茶のプロによると鉄瓶のお湯で淹れたお茶は後味の余韻を深めるそうです。しかも、鉄瓶から溶け出る鉄分は身体に吸収されやすい二価鉄という鉄分で、簡単に鉄分補給ができるおまけのメリットも。

私が愛用している鉄瓶は、岩手県で明治時代から百年以上にわたって続く南部鉄器の老舗・釜定《かまさだ》の「柚子」という名の鉄瓶。フィンランドの工芸家とも交流のある、三代目の宮伸穂《みやのぶほ》さんが生み出す鉄器は、伝統工芸の精神と技術を継承しつつ、モダンで新しい雰囲気を感じさせます。「柚子」はころんと丸みがあって、渋さの中にかわいらしさのあるフォルムが魅力的。常に台所に出していますが、鉄瓶があると台所の景色が不思議と引き締まります。

もしも鉄瓶は錆《さ》びやすくて扱いが難しそうというイメージがあれば、実際はそれほどでもなく、「使い終わった後、必ず乾燥させる」。これさえ守れば過度に錆びることはありません。濡れたまま放置せず余熱で乾かすのを習慣に。毎日使うことで内部に湯垢《ゆあか》がつけば錆びにくくもなり、お湯の味もさらにまろやかになります。水に含まれるカルシウムなどの成分が湯垢になりますが、あえて硬水を集中的に沸かしたり、長時間お湯を沸騰させることでもつきやすくなります。火鉢やストーブの上で、日がな一日シュンシュン沸いているご家庭の鉄瓶は、さも深い味わいに育っていることと思います。鉄瓶から出る湯気は不思議と柔らかく感じ、ガス台でも少しのあいだ沸いてるのを眺めることもあります。我が家には今のところ無いのですが、灯油ストーブがあればその上に鉄瓶を乗せて、乾燥の季節の加湿器代わりにもなり、すぐにお茶が淹れられるので、是非やってみたいことの一つです。

ここ数年、国内よりも海外で人気の高まっている鉄瓶ですが、伝統的な鉄瓶からカラフルな鉄瓶まで、使用する人各々が自由な発想で生活に取り入れている印象です。手入れのちょっとした面倒も楽しみつつ、自分だけの愛着のある鉄瓶に育ててみてはいかがでしょうか。

釜定「鉄瓶 柚子肌」

カレーのためのスプーン

今や日本の国民食の一つ、カレー。国民食とは広く親しまれている食品や料理のことをいうので、一位は不動の「ごはん」なのは納得として、上位にランクインするカレーは、ラーメンと並びその世界を広げている国民食だと思います。私は辛さというより香りを楽しめるスパイスカレーが好みで、食べる頻度も増えています。薬膳の勉強を続けていることもあり、自分で作る際はスパイスや食材の薬膳的効果もちらっと気にしながら作っています。

スパイスカレーに欠かせないターメリックは、日本ではウコンという呼び名で肝機能向上効果が有名かもしれませんが、胃腸を整えたり血流改善にも効果的。香りのスパイス、クミンも胃をサポートし、デトックス効果もあるので免疫力が上がるといわれています。「スパイスの女王」という異名を持つカルダモンは香りの力で気の巡りをよくし、消化促進・整腸作用などが期待できます。これら以外のスパイスも整腸や健胃《けんい》、消化促進に力を発揮するものが多いので、特に食欲不振になりやすい夏にカレーを食べたくなるのは理に適《かな》っています。

同じように胃の働きをよくして消化促進や気の巡りをよくする玉ねぎをたっぷり使い、粉は使わずさらさら系に仕上げたカレーは、専用の食器で雰囲気を演出しています。器はステンレスの楕円《だえん》形カレー皿をよく使います。これは主に昭和30~40年代に活躍した食器ですが、今でも純喫茶などでたまに見かけるレトロかわいい器です。

そして、そのカレー皿に合わせて使うのが「カレーのためのスプーン」。中川政七商店のオリジナル商品です。製造は、カトラリーなど金属製品の産地として知られる新潟県燕《つばめ》市のテーブルウェアメーカーで、楕円形カレー皿も同じく燕市の製品なのでなんとなく相性もいいのでしょうか。

このカレーのためのスプーンは、その名の通りカレーを食べやすい形を考え抜いて作られています。一般的なスプーンよりもくぼみを浅くすることにより、ごはんをすくいやすく、また口に入れやすくなっています。先端部をちょっと切ったように平たく仕上げているのは、お皿に残ったごはんを最後まですくいやすいようにと考えた形。くぼみが浅くて平たい形状は、大きめの具材をカットするのにも便利です。薄手で見た目より軽いので、カレーを軽やかに食べられるような気も。カレーのためのスプーンですが、個人的にはオムライスも食べやすく雰囲気も合うと思います。パッケージの黄色い台紙はカレーらしさを醸《かも》し出し、カレー好きさんに贈りたくなります。

カレー専用スプーンは市場にいくつかあるようです。さすが国民食。共通しているのは、やはり最後の一口を気持ちよくすくって食べ終えることを目指しているものが多そう。やはりここがポイントですね。

中川政七商店「カレーのためのスプーン」

業務用キッチンダスター

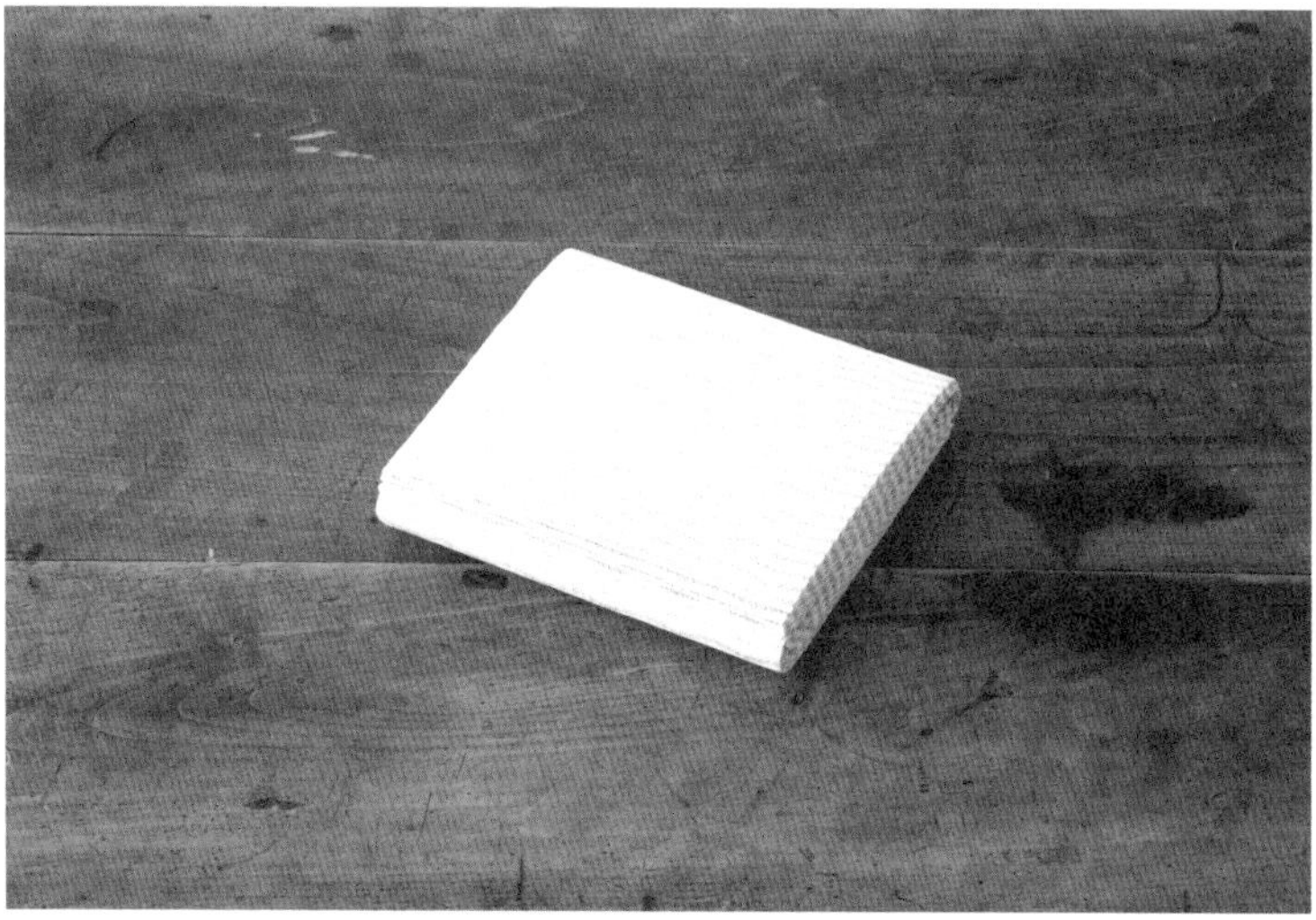

台所道具の必需品の中で、長きにわたって問題を抱えている道具がありました。それは台ふきんです。大げさな書き出しの割に、「なんだ台ふきんか」と感じられるかもしれませんが、なかなかベストな台ふきんと、その使い方にたどり着きませんでした。

台ふきんの問題というとやはり「臭い」です。使っている最中でも、洗って吊るしておきますが、短時間でもどうしても臭いが発生しがち。いわゆる雑巾臭です。特に蒸し暑い時期などはすぐに臭くなってしまいますが、その原因は雑菌の発生。もちろんなるべく清潔を保つように心掛けている台所の中で、下手すると雑菌のかたまり……と思うと恐ろしい。

台ふきんの臭い対策で調べると漂白剤で除菌消臭、煮沸《しゃふつ》消毒あたりが定番対策として出てきます。ただ、それは一日の台所仕事が終わってからの対策であって、日中行うことは私にはちょっと大変。何枚か用意して、調理のインターバルのたびに取り替えるのがベターかと思いつつ、洗濯物が増えるので取り替えをさぼってはまた臭いに嫌な思いをする、という繰り返しでした。

これまで台ふきんは、主に蚊帳《かや》生地のふきんを使っていました。蚊帳生地は、吸収力と速乾力に優れているので、ふきんには適した生地です。ただ生地が四、五枚重なっているため吸水には文句なしでも、どうしても乾きが遅くなります。ふきんが乾く時間よりも、雑菌の繁殖の方がどうやら早いのです。消臭・抗菌効果のある糸を使った蚊帳生地のふきんなども使ってみましたが、臭いに敏感になりすぎたのか、解決！　とまではいきませんでした。

写真は参考商品

雑菌、そして臭いを発生させないためには、「いかに早く乾かすか」がポイントと考え、見つけた際にピンときたのが業務用のキッチンダスターです。主原料がレーヨンの、いわゆる不織布でできています。同様のものが、ホームセンターやネットショップ、無印良品などで販売されています。

薄いのですが、意外と丈夫で吸水性もあります。そしてなによりも乾きが早い。広げて吊るしておけばものの数十分でおおよそ乾いています。汚れも落ちやすいので、使うたびにきちんと洗っておけば、1枚か多くても2枚で、臭いを気にすることなく一日の台所仕事にまかなえます。どうやら抗菌加工が施されているようなので、その効果もありそうです。長年のモヤモヤがどうにか解決しました。

価格もお手ごろなので使い捨てにしてもいいのですが、ガンガン使う飲食店と違って家庭の台所程度であれば洗濯しながら何度か使えます。もったいない精神で、何度か使ったら掃除用に使い切ります。不織布は毛羽が出ないので、食器、特にガラス製品をふくにもよさそうです。

効率や使い勝手、衛生面、そして価格などを重視するプロ用の道具は、話題にこそなりにくいですが、実は家庭でも使えるヒントが見つかることがあるので要チェックです。

波佐見焼の蓋つき器

持っている器の多くが作家ものや古いものです。そして、ご飯茶碗やおかずを盛り付ける器はほとんどが陶器です。とはいえさほど扱いが難しいことはないのですが、電子レンジでは温めないようにしています。食洗機や乾燥機もあれば避けるかもしれませんが、そもそも持っていないので普通に洗っています。

電子レンジの加熱原理を簡単に説明すると、食品中の水分を加熱して温めてくれる電化製品。陶器は多孔性（多数の小さな空気穴がある状態）で水を吸いやすいので、陶器に染み込んだ湿気レベルの水分でも、急激な温度上昇に耐えられず損壊する可能性がゼロではないと思います。数回は大丈夫でも、何度も電子レンジを使用するうちにじわじわとダメージが蓄積されて、ちょっとした衝撃で割れやすくなることも考えられます。そのようなリスクは避けたいので、陶器は電子レンジには入れません。

磁器は、吸水性が無い器がほとんどなので基本的に電子レンジの使用は問題ありません。ただ、よく知られたことですが、金銀の絵付けがされていたら電子レンジはNGなのと、上絵付けされた大事な磁器は避けた方がいいと思います。

手持ちの磁器は、気づけば小さなお皿や鉢が多くて、例えば常備菜を温め直したい時などに使いやすいものがほぼありません。以前はお手ごろな磁器を持っていて、温め用に使っていましたが、あふれる器の棚から漏れて引越しの際につい処分してしまいました。

ということは、手持ちの器は電子レンジでは使えないか、使いにくいものばかりなのです。温め直しに電子レンジはたまに使うので、その度に不便を感じていました。困るパターンとして保存容器内のおかずの一部を温めたい時などでしょうか。小さめの保存容器に移して温めたり、ラップに包み温めて器に移すというようなひと手間がかかっていました。

その手間を省いてくれたのが、中川政七商店オリジナルの「波佐見《はさみ》焼の保存の器」。波佐見焼は磁器が得意なやきものの産地なので、この器も吸水性が少ない磁器。すなわち電子レンジで使用できます。共蓋が付いているので、保存も温めも蓋をしたまま。身と蓋の隙間がほぼ無い精巧な作りで見た目もすっきりです。食べ物の匂いが漏れにくいので、キムチなど匂いのあるものにも向いています。サイズは中鉢、小鉢、ちょこ鉢の3サイズあり使い分けも可能。かぼちゃの煮物など嵩《かさ》のあるおかずは中鉢。少し残ったおかずは小鉢に入れて、次の日のランチに一人で食べるのに程よい量です。ちょこは茶碗蒸しにも最適。蓋があるので蒸し器に布は不要です。

保存の器という商品名ですが、佇《たたず》まいのいい食器に保存と温め機能が備わったお得な器といえるので、そのまま食卓に出してもOK。釉薬が四色もあるので、少しずつ買い足していきそうな予感がします。

中川政七商店「波佐見焼の保存の器　小鉢」

ガラスの調味料瓶

台所周りには食品の保存容器が集中しています。タッパー、缶、瓶、チャック付きの袋など。特に密封できる類の容器はほぼ台所にしかないことに気づきました。

私は、作り置きのおかず系はタッパーや琺瑯《ほうろう》容器を多用。缶はあまり使っておらず、茶葉を入れているものがいくつか。茶葉の多くは基本的にチャック付きアルミ袋に保存しています。冷凍するおかずや材料はジップロックに。最近、お米もジップロックに入れて冷蔵庫に保存していますが、コンパクトになるのでお気に入り。瓶はかなりの数を使い回していますが、液体系に適しているのでピクルスやタレ系、手づくりのジャムなどに使います。中身を判別したいスパイス系も瓶に入れますが光に当てたくないので引き出しの中で、蓋にスパイス名のラベルを貼っています。食品の保存方法は、各家庭でどんな工夫があるのかとても興味深いです。

一つ、使い勝手に満足のいかないジャンルがあったのですが、それはドレッシングをはじめとする液体系のもの。手づくりしたポン酢やドレッシング、ジンジャーシロップ、梅シロップなど。それらをかつては蓋付の瓶に入れたり、100均でも売っているプラスチックのディスペンサーに入れたりしていましたが、蓋付瓶は明らかに使いにくい。こぼれたり、すくうのが手間だったりで手が伸びにくくなります。プラスチックのディスペンサーは正直見た目が好きではありませんでした。

そんな問題を解決してくれる容器を探して、ついに見つけました。セラーメイトというガラス瓶容器ブランドの「ワンプッシュ便利びん」です。商品名がすべてを語っていますが、液体系調味料を入れて便利に使える瓶です。セラーメイトは、星硝《せいしょう》（株）という、主に瓶などのパッケージを作るメーカーによるブランドで、金具や取手の付いた保存瓶を開発・製造したのが星硝だとか。梅酒を作る方はご存じかと思います。

ワンプッシュ便利びんも金具を使った蓋の構造が秀逸で、金具を片手で押せば蓋が簡単に開くという仕組みです。注ぎ口はシリコンゴム製で密封性も高く、液だれもしにくい、外して洗いやすいという優れた造り。

実は、この瓶はかつてワンタッチではなかったものの2013年に改良してワンタッチになったとか。私は以前のタイプを料理酒の小分けに使っていて、改良を知らぬまま数年後、最近になってワンタッチタイプを知りました。これが欲しかった！　と歓声をあげたくなりました。そこで一気にまとめた個数を手に入れることに。蓋付瓶に入れていると手が伸びにくかったシロップや調味料が、容器が変わるだけで消費量が増えました。このような考え抜かれた問題解決型のアイテムには、いちユーザーとして拍手を送りたいと思います。


セラーメイト（星硝株式会社）「ワンプッシュ便利びん」

木製の丸まな板

料理をする際、ほぼ毎回出番のある、包丁とまな板。選ぶポイントが比較的わかりやすい包丁に対して、バリエーションが多いのがまな板、というイメージです。包丁の基本は三徳包丁とペティナイフで、ある程度規格サイズがありますが、家庭用まな板には多くの種類が存在します。

まな板の選び方の大きなポイントは素材とサイズ。素材は木製か樹脂か。木の種類にもヒノキ、イチョウ、ヒバ、ヤナギ、ホオノキ……など様々あります。

樹脂はお手入れが楽なメリットはありますが、包丁のことを考えるとやはり昔ながらの木製のまな板を選びたいと思います。木製のまな板は包丁の当たりが柔らかいので、切れ味が落ちづらく、跳ね返りも少ないため、ひたすら刻んでいても手が疲れにくいです。

反対に木製のまな板のハードルといえば、手入れに少々気を遣う点でしょうか。

木は濡れたまま放置すると、カビや菌、臭いが発生しやすいです。手入れのポイントは、まず使う前にまな板を濡らすこと。これで臭いが付きにくくなります。そして洗う時にはタワシで木の目に沿ってゴシゴシ。タンパク質が固まらないよう、まずはお湯ではなく水で洗い流します。ネギやニンニクのような香りの強いものを切った時にはすぐに洗うことを心掛けます。最後にふきんでふいて、立て掛けてよく乾かします。これだけ気をつければ、気持ちよく使い続けることができると思います。

木の種類は、これがベストというほど絞れるものでもなく、どれを選んでも使いやすいと思います。木のまな板を初めて使う方には、抗菌作用があって雑菌が繁殖しにくいヒノキはおすすめです。

サイズ選びのポイントは、やはりスペースとの兼ね合いです。スペースに置ける最大のサイズを選ぶか、シンクの縦幅に収まるサイズが目安といわれています。

私が重宝しているのは直径24㎝のヒノキの丸いまな板。奥行きがあるので食材がこぼれにくく、切った食材を鍋に移す際もこぼれません。このサイズなら収納の収まりもよし。料理はしっかりしたい、けれどスペースが狭い、という方には丸まな板はおすすめです。あとは、果物などをちょこっと切るのに、小さなカッティングボードがあれば十分だと思います。

昔の日本のまな板は当然ながら木製で、凹んできたり汚れてきたら地元の大工さんに削り直してもらうのが当たり前だったようです。かたやカトラリーを使う欧米の家庭ではカッティングボードは必需品ではないのだとか。和食の場合、食卓では箸で取り分け口に運びやすい「箸の食文化」なので、調理の中で「切る」作業の比率が高いといえます。やはり箸とまな板の文化圏はほぼ一致するそうで、なるほどと思います。日本の食文化も多様化していますが、トントントントンと小気味良い音を奏でる木製のまな板はこれからも残ってほしい台所道具です。

照宝「照宝丸まな板」

照宝

アルミの片手鍋

行平鍋《ゆきひら》、もしくは雪平鍋という美しい響きの鍋があります。注ぎ口と持ち手の付いた小ぶりの片手鍋のことで、日本古来の伝統的なお鍋です。行平鍋の語源は平安時代、歌人・在原行平《ありわらのゆきひら》が漁夫に塩を焼かせた器にちなんだとする説や、雪平鍋はその焼いた塩が雪のようだったという説など諸説あり。本当かどうかはわかりませんが、どちらの呼び名も正しく、歴史の深い鍋であることに違いありません。

行平鍋の始まりは、主にお粥《かゆ》を炊くのに使用した土鍋の一種だったようです。現代の行平鍋はアルミ製やIHに対応したステンレス製が一般的で、大抵のお家にある定番の調理道具のイメージです。特にアルミは熱伝導率が高く軽いので、お味噌汁やゆで卵、ちょっと野菜を茹でる際など何かと出番が多い鍋。特に和食作りには欠かせない鍋かと思います。

私の愛用行平は「姫野作.」本手打鍋。姫野作.とは、大阪府八尾《やお》市にて大正13年(1924年)から三代続く打ち出し鍋工房の姫野寿一さんが作る鍋ブランドです。鍋の全体に広がる槌目《つちめ》は、単なる模様ではなく、金属を強く丈夫にするために金槌で叩き締めた跡。元々は柔らかいアルミが全体を打ち終わると非常に硬く変化していきます。叩いて表面積を大きくすることで、保温性と熱伝導率が高くなる効果もあります。

数年前に工房にお邪魔しましたが、叩いている姿はまさに「職人」という印象。同じ場所を叩くのは一回のみで、カンカンとリズムよく金槌を振り下ろしていきます。一つの鍋を作るのになんと400から500回叩き、最後に「姫野作.」の刻印を打って仕上げます。単純なようで、この作業をひたすら10年続けて、ようやく美しい槌目を作れるようになるのだそう。

姫野作．のもう一つの特徴は、板厚が3ミリと厚いこと。比較的多く流通している2ミリ厚の鍋と比較すると、1ミリの差とは思えないほど頼りがいを感じます。若干重量感もありますが、元が軽いアルミなので気になるほどではありません。厚みがあると蓄熱性に優れ、熱が柔らかく伝わるので焦げにくく、根菜の煮物などもふっくらとおいしく煮えます。牛乳もじわじわ温まるので、温めムラも少ないのです。聞かないと気づかなそうですが、取手の付け根も昔ながらの手法で丁寧に溶接してあるのも丈夫で長持ちするポイント。プレスで作る廉価版も多い行平鍋と比べるとかなり高価ですが、耐久性と使い勝手は群を抜き、プロの料理人にも認められていることからも納得がいきます。

まず手始めに持つ鍋としても行平鍋はおすすめです。サイズは色々ありますが、二人程度の汁物には15センチ、煮物や麺類を茹でるには18センチ以上のものが向いています。姫野さんが「使い手と一生付き合える製品」という思いと技術で作る、姫野作．の行平鍋は一見贅沢なようですが、気づけば毎日に欠かせない道具となると思います。

三名窯の器

私は器好きで、持っている器の数は多い方かもしれません。主に日本の作家さんの器と、日本や中国などの古い器が目立ちます。

メーカーのいわゆるプロダクトが嫌いなわけではなく、同じものがいつでも手に入りやすいこと、手しごとに比べると買いやすい価格の器が多いことなどプロダクトにもメリットがあると思います。複数必要な取り皿や取り鉢はプロダクトを活用しています。収納も限られるので、スタッキングできるのもありがたい点です。

対して手しごとの器の魅力は、作り手の個性を感じたり、量産品にはない表現が面白かったり、一点ものの味わいがあることなどでしょうか。好みの器と出会うと、作り手にも興味が出て、作り手も含めてファンになることも。貫入《かんにゅう》が入ったり、漆の艶が出てきたりといった経年変化も愛着につながるのかもしれません。

古い器でいうと、私が集めるのは高価な骨董《こっとう》品ではなく、日常使いの器です。それこそ個体差どころか、現代なら不良品扱いされるであろう、同じ絵柄のようで個性が際立つ柄や、絵柄のかすれ、歪みなども見受けられます。そのアナログ感がかえって面白く感じられ、名前も知らない職人にも、几帳面な人や大雑把な人がいたのかなと思ったりします。

手しごとの器には、そんな作り手の背景が感じられ、置いてあったり使ったりするだけで「ちょっと気持ちが上がる」力があるような。私だけかもしれませんが、存在の魅力が一番で、使い勝手はその次くらいに思っています。

それが、とある作家さんの器を手に入れて、いざ使ってみると、思った以上の使いやすさにちょっとした驚きを感じる経験をしました。それは宮崎で三名窯《さんみょうがま》という窯名で作陶されている松形恭知《まつかたきみとも》さんの器です。

松形さんのキャリアは少し変わっていて、教員として埼玉で55歳まで過ごした後、ゆかりのある宮崎に戻って窯を築かれました。学生時代から陶芸はお好きだったそうですが、完全な独学だとか。作品を拝見すると、民藝を軸として造詣《ぞうけい》を深められていることがわかります。私も民藝は好きですが、雰囲気も物理的にも少し重たい器が多いイメージがあり、生活にがっつりと取り入れるには少々ハードルがありました。ですが松形さんの器は伝統に縛られない柔軟さがあって手に取りやすいのです。どっしり重みがあるかと思いきや、持つと意外と軽い。不必要に重くないといった方が良いかもしれません。

そして、松形さんの器は手なじみと、口あたりがとてもいいのです。形のディテールや釉薬《ゆうやく》など全体のバランスがいいのだろうと思います。きっと松形さんの生活にもご自身の作品がなじんでいて、作品としてではなく、生活の道具として働いていることを想像します。自然と手が伸びる道具や器ってやっぱりこういう「なじむ」ものかもしれないな、と気づかされた器です。


松形恭知（三名窯）「（右から）飴釉縄文小丼／黄釉櫛目カップ／黄釉押文カップ」

キッチンバサミ

暮らしの道具で使用頻度が意外と高いのがハサミです。用途によって専用のハサミまであります。それぞれを兼ねることも可能ですが、家事と言えどいい仕事をするために、専用の道具を使うことがちょっとしたこだわりです。

仕事の都合で荷造り作業が多くその時は文房具バサミを。最近は産直市場で花を買うのが楽しく、その時は花バサミ。たまに裁縫もするので裁縫バサミや握りバサミも持っています。そして台所ではキッチンバサミがすぐ手に取れる場所に掛けてあり、毎日必ず使います。使用時間にしてみたら短いですが、使用回数が多く、手元に無いと困る調理道具です。

調理といえるのは海苔《のり》、昆布、細ねぎを切る程度、食品を包んでいるプラスチック類にもハサミを使います。最近は缶ではなく紙箱タイプのトマトソースやコーンなどが便利でよく使いますが、手で切ると液体がはねる危険もあり、やはりハサミでカット。そうすると自ずとハサミが汚れるので洗うことになります。洗うという点が、文具や裁縫バサミと一番違う点かと思います。花バサミも濡れますが水気だけなのでなるべく早くふき取ります。

キッチンバサミを選ぶポイントは切れ味と握りやすさ、そして洗いやすさです。直接食材と触れるので、衛生面を考えるとしっかりと洗いたいところ。私がここ数年愛用しているのは、鳥部《とりべ》製作所のキッチンスパッターというハサミです。金属と刃物の産地として有名な新潟県三条《さんじょう》市のハサミ専門メーカーが作っています。以前、仕事で工場取材を行った際にこちらにもお邪魔しました。以前から気になっていたので取材後すぐに手に入れました。業界でもいち早くステンレス製のハサミの製造を手掛けたそうで、ステンレスは包丁にも使われるほどに丈夫で切れ味もよく、洗いやすいという安心感があります。

なにより一番使いやすいのは、中央のネジ部で簡単に分解できるので細部まで洗えて、すっきり乾かせる点。力も要らず、ちょこっとひねるだけで付け外しができる賢い構造。特許があるのか不明ですがあっても不思議はないです。熟練の職人がひとつひとつ調整をして仕上げるので切れ味も文句なし。硬い甲羅もしっかりとホールドし、繊細な野菜も切り口滑らかにカットできる絶妙なギザ刃の設計です。

グリップも持ちやすくて重さもほどよく、機能的に優れているのはもちろんのこと、機能から生まれたデザインも美しいのです。グリップ部には棒材を使用するなど実は製造工程の効率も重視された作りになっているのが、結果的に機能や美しさにも繋がっているという点も、ものづくりのまちの専門メーカーならでは。料理好きな方への贈り物にもおすすめです。製造背景を含めてトータルでお気に入りの定番調理道具です。

鳥部製作所「キッチンスパッター」

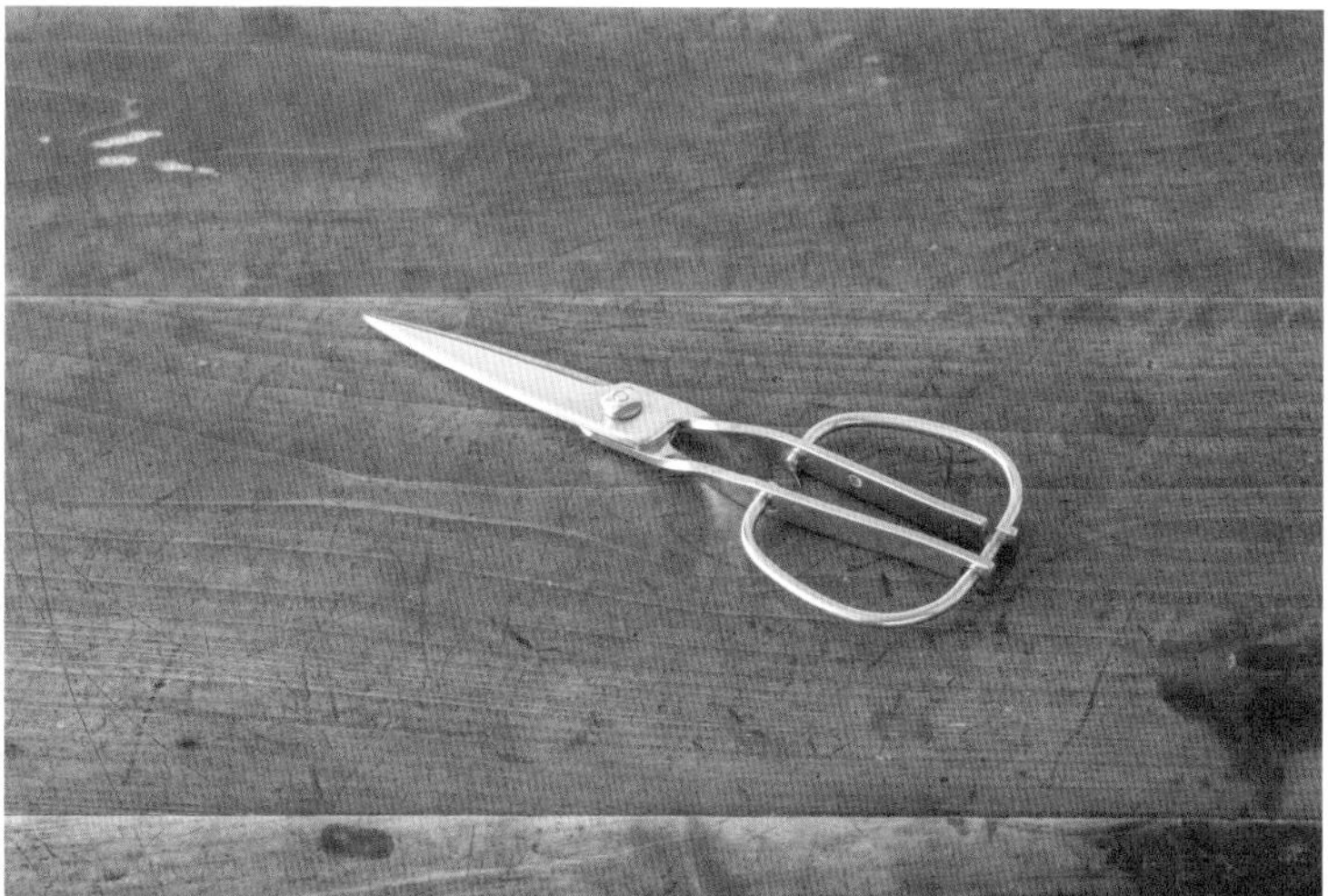

コラム3

小さな名脇役

本編からは洩《も》れてしまったけれど、実は毎日のように使っていて手元に無いと困る、という小さな必需品がいくつかあります。

一つ目は「おろし金用竹製薬味ハケ」。正式名称がいまいちわかりませんが、生姜《しょうが》をおろした時に必ず出番があります。もちろんわさびや大根おろしにも使いますが、特に生姜は繊維が多く目の部分に残りがちですが、手で取ると痛かったり取りきれなかったりするので、ハケでササっとはらうとほぼ綺麗に取ることができます。目が細かくて生姜の繊維が残りにくいおろし金もありますが、豚肉の生姜焼きや炒め物には少し繊維の残った粗目おろしにするなど少しこだわっているので、おろし金も数種類持っています。一見地味な道具ですが、おろし金とセットで販売するとギフトにも喜ばれるのでは……と勝手に思っています。

二つ目は「ステンレス平ざる」。ざるはボウル型も持っていますが、平たい形状のざるも一つあると便利です。洗った野菜の水切り、茹でた野菜や枝豆の熱冷まし、魚の湯引きなど広げて使いたい時に。夏はしょっちゅう枝豆を食べますが、水気が手早くしっかり切れて手放せません。枝豆好きな方は一度お試しください。意外とボウル型よりも手に取っているかもしれません。平たいざるは竹製も多く、お蕎麦や鍋の野菜など食卓に出す時は竹製を使いますが、ステンレスは乾きも早く手入れが楽なので出番は正直ステンレスの方が多くなっています。私が持っている平ざるは、輪っかが付いており台所の壁に掛けています。乾き切ってなくても、掛けておけばすぐに乾きます。乾く前にまた使うことも少なくないですが。

三つ目は「深めの茶漉《こ》し」。急須には元から内側の注ぎ口部分に茶漉しが付いているものも多いですが、個人的には急須に茶漉しは無い方が洗いやすさに繋がると思っています。このタイプは茶葉が注ぎ口から出てくるので、茶漉しで茶葉を受けます。それをポンと捨てる方がスピーディーで簡単。取り外しのできるかご網もありますが、これを使うと、茶葉が急須の中で十分に開きにくいのでおすすめしません。茶漉しを使うと道具は一つ増えるものの、お茶の風味を十分に引き出すことができ、使ってみれば意外と楽だと思っていただけるのでは。深めの茶漉しだと、ほうじ茶のように嵩《かさ》のある茶葉もしっかり受け止めてくれます。すっかりお茶色に染まっていますがそれもまた良し。お茶好きであれば使用頻度も多いはずなので、柔らかい編みではなく、しっかり強度のある茶漉しを選びましょう。

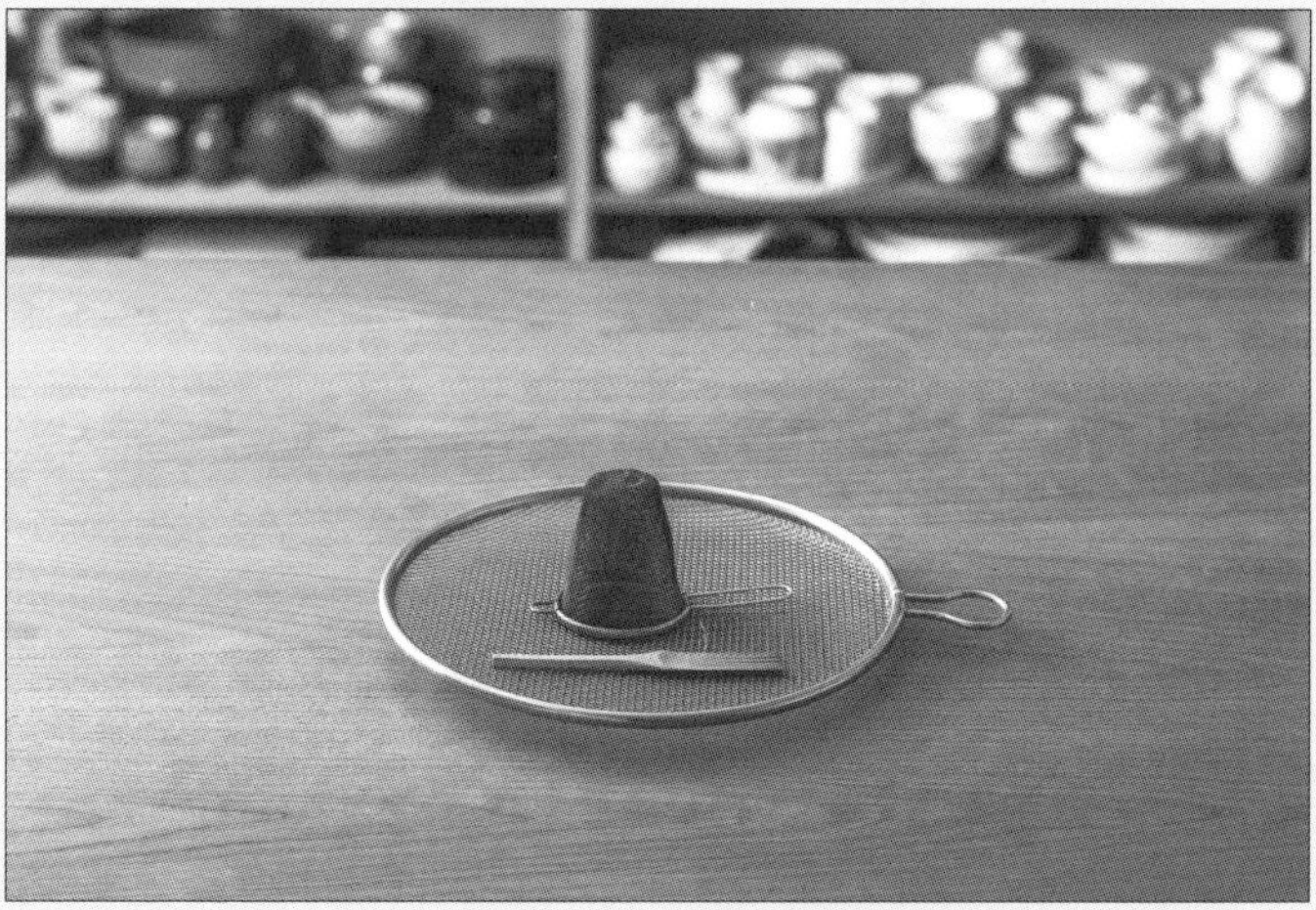

やっとこ鍋

「やっとこ鍋」というちょっとかわいらしい名前の鍋があります。料理好きな方はご存じかと思いますが、あまり家庭では普及しておらず、主に和食屋で使われるプロの鍋というイメージです。特徴としては、柄《え》が付いてないこと。柄の役割はやっとこが担います。やっとこありきの鍋なのでやっとこ鍋。やっとこはペンチのような形の、物を掴む道具です。元々は鍛冶《かじ》屋さんが針金や板金を曲げたり掴んだりするためのもので、真っ赤になった熱い地金《じがね》を掴むこともあるので、落とすことはまずないホールド感のある道具です。

やっとこ鍋は柄がないので、メリットは収納がコンパクトに収まること。サイズ違いでも綺麗に入れ子になります。磨きやすいのもプロに好まれる理由の一つだと思います。

そんな優れた鍋なのですが、私がやっとこ鍋を使いはじめたのは比較的最近です。しかも出会いは骨董《こっとう》市。骨董市にはよく行きますが、どちらかというと器など食卓の道具を見ることが多く、調理道具との出会いは滅多にありません。たまたま見つけた、状態のいいやっとこ鍋が300円という安さだったこともあり、持ち帰ることに。底を見れば、AKAOとマークがあり、アルミ製品を得意とする業務用料理器具のメーカー・アカオアルミの鍋であることがわかりました。この時やっとこは持っていなかったので、アウトドアでも使える鉄のトングで掴んでみましたがどうも不安定。さすがに危険なので、京都の有次でやっとこを購入しました。鍋より高くつきましたが、早速使ってみるとものすごく掴みやすく、安心の安定感。

ずっと気になりつつもやっとこ鍋との出会いが遅かったのは、熱々の鍋をやっとこで持ち上げたり移動させたりといった作業は、プロでないと難しそうなイメージがあったため。なかなか試す機会もありませんでした。

こんなに使いやすくて収納も嵩《かさ》ばらないならもっと前から使っていればよかったと思うのですが、やっとこ鍋には苦手なこともあります。しっかり混ぜ合わせたい餡《あん》かけ料理などは柄を掴みたいので行平《ゆきひら》鍋に譲っています。またやっとこ鍋の多くは片口が付いてないために液だれがしやすく焦げつくことがあるので、煮汁の濃い料理よりも出汁を引いたり、野菜や麺を茹でる調理に使っています。

手に入れたやっとこ鍋は直径が約21㎝で、元々持っていた行平鍋よりも大きいサイズ。大きい鍋ほど、柄が付いているとかなり場所を取るので、大きな鍋はやっとこ鍋が正解かもしれません。湯がたっぷり入った重い鍋でも、やっとこはテコの原理で想像よりも楽に持ち上げられると思います。やっとこ自体は、どのサイズのやっとこ鍋にも共通で使えます。こんなにミニマルで完成度の高い道具もなかなかありません。もっと一般家庭にも普及させたい、和食の似合う日本のお鍋です。

アカオアルミ「ヤットコ鍋」

銅のジャム鍋

テレビ番組で拝見して以来、料理家・桧山《ひやま》タミ先生の銅鍋に憧れています。アトリエの台所の棚には調理道具や調味料が整然と並んでおり、なかでも目を引くのがずらりと並んだ銅鍋でした。その数なんと30個ほどあるそうです。その圧巻の存在感と、タミ先生の「おいしい料理を食べたかったらいいお鍋を買いなさい。銅鍋は魔法の道具ですよ。」という言葉に、いつか30個とは言いませんが、3個くらいは台所に並べたいなと思っています。

銅の玉子焼き器やフライパン、銅のやかんは持っていますが、鍋は使ったことがありませんでした。最近初めての銅鍋としては変り種のジャム用鍋を、京都・三十三間堂近くに店を構える鍛金工房WESTSIDE33にて求めました。直径24㎝、高さ12㎝の丸い深鍋で、野菜や麺を茹でたり煮物にも使えますが、我が家ではジャムと小豆を煮る専用鍋になっています。

朝食のパンやヨーグルトにジャムは欠かせないので、今まではあちこちのおいしそうなジャムを試していました。それがこのジャム鍋を手に入れてからは、近くの産直市場で旬の果物を買ってはせっせとジャムを作っています。

まずは定番のいちごに始まり、キウイ、イチヂク、りんご、柚子、栗などを作りました。これが想像以上においしく、保存食のつもりで多めに作ってもすぐに消費してしまいます。自画自賛のようですが、ほぼ素材と銅鍋のおかげです。

銅鍋は多くのプロの料理人が使用していることからも、おいしく仕上がる特徴があります。銅は他の金属と比べて熱伝導率が高く、鉄のおおよそ5倍、ステンレスでは24倍早く熱が伝わるそうです。そのため食材に熱を均一に伝えることができ、きれいな仕上がりに。玉子焼きも鍋が温まったらその後は弱火でも色ムラの少ない玉子焼きができます。肉料理にも最適で、特にステーキは肉汁を逃がさずジューシーに焼きあがります。良い素材を活かすにも、良い調理道具は頼りになります。

話はジャム鍋に戻りますが、ジャムは時間をかけて煮込むよりも、短時間で煮詰めた方が果物の香りや風味がぎゅっと凝縮したおいしいジャムに仕上がります。短時間で煮詰めるには、銅の鍋が最適。銅の効果なのか色も鮮やかに仕上がるのでちょっと腕が上がった気分になります。煮詰める際に水分も飛びやすく混ぜやすいように、形は口が広めで深さがある方が向いています。私は鍋にあわせて蓋もオーダーしました。

気をつける点としては、銅は酸に弱いため調理後はなるべく早く鍋を洗うようにすることと、変色を防ぐために長期間使わない場合は新聞紙などに包み袋に入れて保管することが大事です。しまい込むと使わなくなるので、タミ先生のようにせっせと使って、お手入れもしながら一生ものにしたいと思います。

鍛金工房 WESTSIDE33「銅のジャム鍋」

食洗機で洗える漆椀

私は食器好きで棚から食器があふれており、その中には漆器もあります。お椀をはじめ、お皿やお重、お盆など気づけば様々な漆器を使っています。今でこそ気軽に使っていますが、若いころは漆器は傷つきやすそうと、ややデリケートなイメージを持っていました。百貨店や美術館で見るような表面が艶々仕上げで、美しい蒔絵が施された漆工芸の印象からかもしれません。

もし漆器が若干敬遠されがちだとしたら、現代の日本の食卓は陶磁器が主流で、お箸に加えて金属カトラリーも多用されているので、そういった硬い素材との相性があまり良いとはいえないことも、その理由かもしれません。ただ、よほどの艶仕上げや蒔絵の漆器でなければそこまで気を遣わなくていいと思います。元々漆は無垢《むく》の木の補強材として用いられはじめたものなので、実は少し気をつければ長く使える器なのです。最近は欠けたり割れた器の金継ぎをしていますが、この時漆が接着剤になります。塗料であり、接着剤でもある漆は、日本の長年の木の文化には欠かせないものでしたが、生活様式の変化もあるので漆器もある意味アップデートすることでより身近になるかもしれません。

まさに現代的にアップデートされた漆椀の一つが、漆琳堂《しつりんどう》が作る「食洗機で洗える漆椀」です。漆林堂は、福井県を代表する伝統工芸の越前漆器を２００余年八代にわたって継承する塗師《ぬし》屋。塗師とは分業制である、漆器の工程の中で漆を塗る職工のことです。福井県工業技術センターと福井大学との共同開発で、食洗機に耐えうる漆の開発に成功し、伝統技術に新しい技術を掛け合わせてこの漆椀が生まれました。完成度の高さに中川政七商店が太鼓判を押し、この技術を使ったオリジナルの漆椀を定番商品として販売しています。発売から売上が伸びているようなので、現代の暮らしには「食洗機に対応」は需要が高いことを実感しました。

その佇《たたず》まいは従来の漆器と変わりなく程よい艶感で、ふっくらと丸みのある形は手によくなじみ、色も落ち着いたベーシックな黒と朱色。サイズも4サイズ揃っているので、各サイズを持っても入れ子にすることで収納もコンパクトに。私は味噌汁用の中サイズと、小丼や豚汁用に大サイズを持っています。漆器は熱伝導率が低いので、熱い汁物にはうってつけです。小椀はお子さんにも良いサイズで、小鉢にも使えるので、贈り物にして大人になっても使い続けてもらえたら嬉しいですね。

実は私は食洗機を使ったことがなく、せっかくのアピールポイントを利用していないのですが、丈夫そうというイメージから手にとってみたら、汁物もおいしそうに見えたり、扱いも難しくないことを実感し、漆器に興味が湧くきっかけとなった器です。和食に限らず、洋、中にも自由に使うといつものメニューが新鮮に見える嬉しい点も。まさにデザインと機能性を兼ね備えた暮らしの道具です。

中川政七商店「食洗機で洗える漆椀　大／中」

ペティナイフ

料理好きな方なら必ず知っていると思われる、料理道具専門店の有次《ありつぐ》。観光客も多い京都の錦市場《にしきいちば》商店街にお店があるので、訪れたことがある方も多いのでは。包丁をはじめ、銅鍋や行平《ゆきひら》鍋、野菜やお菓子の抜き型や、料理人向けの珍しい調理道具などがずらり。場所柄か比較的和食の道具が多いように感じます。とにかくすべての道具が選び抜かれていて、並ぶ様も美しい。その多くが職人による手しごとです。

その創業は1560年。室町時代、桶狭間《おけはざま》の戦いがあった年と聞くとちょっと驚きます。「刀鍛冶　藤原有次」として創業したそうで、やはり今でも主力は包丁です。その包丁はずっと気になっていましたが、初めて使ったのは実はわりと最近。海外の方にも日本の包丁は大人気で、コロナ禍以前は店内の混雑ぶりは相当でした。落ち着くまで……と思いタイミングを逸して、やっという感じです。現在も人気で週末は特に混みがちですが、ある程度狙いを定めていたので、接客していただきながら納得の一本を選ぶことができました。それは刃渡り15㎝のペティナイフです。

これまで、他ブランドの刃渡り12・5㎝のペティを愛用していました。それより大きい包丁で愛用しているのは刃渡り17㎝の三徳包丁。ペティは果物や野菜の皮を剥いたり、細かい作業に小回りがきいて便利。キャベツや白菜など大きめの野菜や肉、魚をしっかり切りたい時はやはり三徳が使いやすい。このように大体使い分けはできていましたが、時にペティでは小さく、三徳だと大きいと感じることがありました。例えば大きめのじゃがいもの皮を剥いて、一口大に切る時などでしょうか。そこで有次のペティはちょっと大きめの15㎝を選んでみたところ、これがとても使いやすい。

ちなみにペティナイフは刃渡り12㎝と15㎝の展開があり、15㎝といえばペティの中では大きめです。実際、そんなに大きな食材を切る頻度は高くないので、このペティで大体まかなえることを実感しています。ペティは刃の厚みも薄めなので、皮剥き全般に向いています。

一般的には、万能包丁といえば三徳包丁、相当の料理好きだと牛刀《ぎゅうとう》をメインにされることも多いそうです。私も毎日のように料理はしますが、万能といえばこの15㎝のペティに軍配を上げてもいい気がしています。それこそ料理初心者や、包丁は一本でいいという方にはこのサイズを推奨します。手軽でありながら軽過ぎず、男性でも使いやすいサイズかと思います。

有次では、希望すれば包丁に名前を入れてもらえるサービスがあります。慣れた手つきで手彫りしてくれるので、使う前から愛着が湧きます。名入れだと贈り物にも喜ばれるので、自分用を求める前に、友人への贈り物にしていました。自分でも使ってみて使いやすさを実感できたので、料理好きへの贈り物の定番になりそうです。

有次「平常一品ツバ付ペティナイフ大　15㎝」

スティック型おろし金

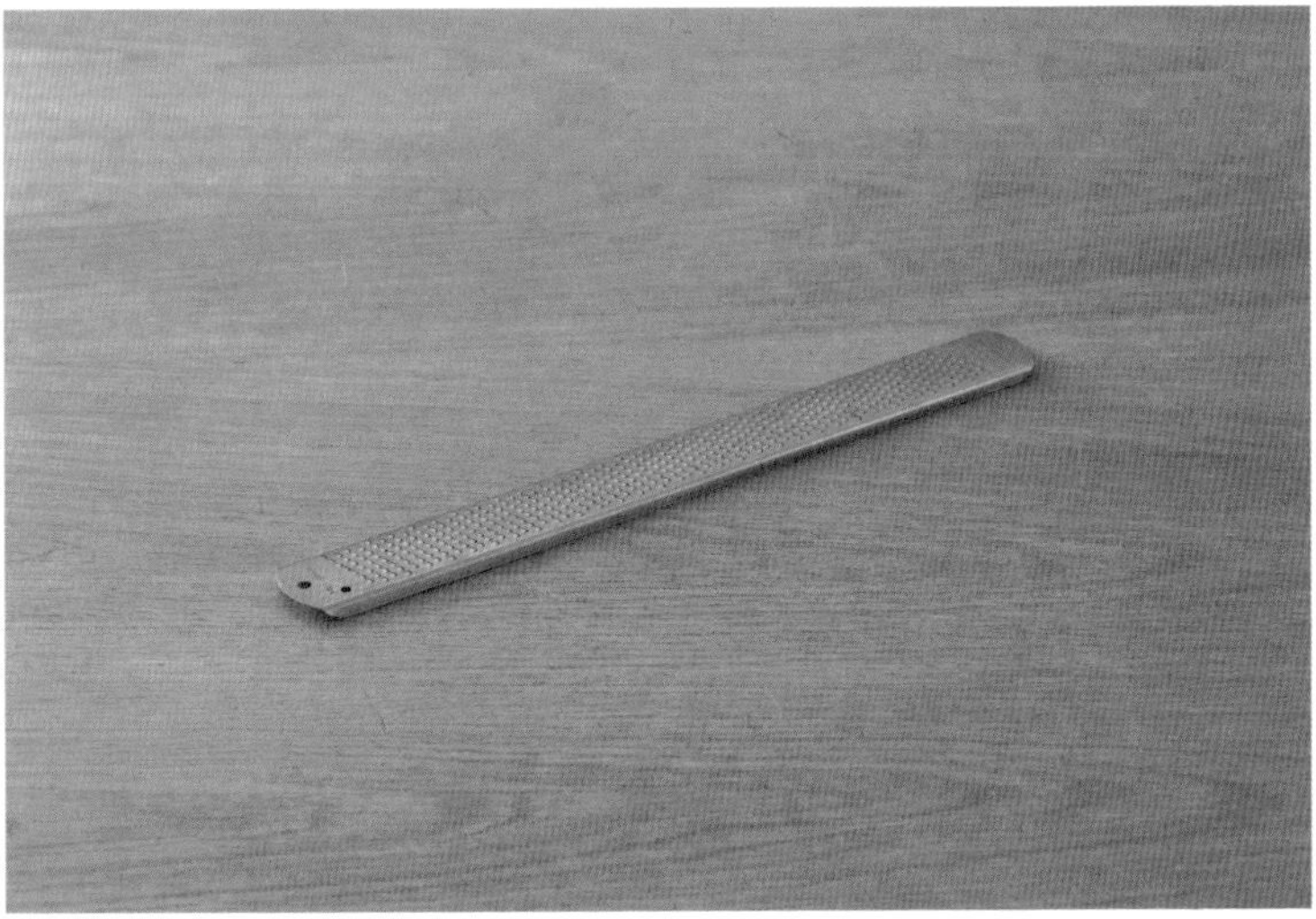

新たな料理道具との出会いの機会は、好きな料理人や料理研究家が雑誌などでおすすめしているものを使ってみたり、料理上手な知人・友人の手料理をご馳走になって教えてもらうことが多いです。私も料理は好きですが、どちらかというと保守的なのでレパートリーの幅が限られています。他所の家で自分が作らないジャンルの料理を教えてもらうと嬉しい発見となります。

例えば、チーズを使う頻度はあまり多くなく、例えばパルメザンの粉チーズは冷蔵庫にあるものの、たまに使うレベルでした。ところが、削りたてのチーズが別物のようにおいしいことを、超グルメな知人の料理から教えてもらいました。

そのチーズの一皿は、こんな感じです。楕円の大皿に、ロメインレタスを1枚ずつ切らずに盛りつけ。その上から、パルメザンチーズの塊を削りながらこれでもかというほどたっぷりと掛けます。そしておいしい塩と、オリーブオイル、お好みのビネガーを掛けて完成。簡単なのに、おしゃれでおいしくて感嘆の一皿です。

まずロメインレタス自体、自分ではあまり買わない野菜でしたが、買っても食べやすいサイズにカットしがち。そこを大きな葉っぱのまま使うだけで新鮮な印象に。ただ一点、真似をするにはかなり大きな楕円皿が必要になりますが、我が家にもそこそこ大きな楕円皿がちょうどありました。ちなみに楕円皿は盛り付けしやすく、テーブルにも出しやすく結構便利な食器です。

削りたてチーズのおいしさをまったく知らないわけではないものの、今まではたまに作るパスタにしか使わなかったので、粉チーズでまかなっており、懐かしさもあってそれなりに満足して味わっていました。しかしながら簡単でさらにおいしく、削るのを見せながらサーブするとパフォーマンスとしても優秀。となると真似しない手はないので、早速パルメザンチーズの塊と、削る道具を手に入れました。

削るのは、おろし金でもできなくはないですが、断然おすすめなのがマイクロプレイン社の「クラシックグレーダー」。これもおろし金の一種ですが、細長いのが特徴です。これでチーズをおろすと、薄くてふわふわに。一見多過ぎると思うくらい削っても、粉雪のように軽やかなので「追いチーズ」することもしばしば。軽い力で削れる理由は、たくさんの小さな目の一つ一つに刃がついていて、すり潰すのではなく「切って」いくからだとか。繊維も切るので生姜《しょうが》のすりおろしも繊維が残りません。レモンなどの柑橘《かんきつ》の皮もきめ細かく削れ、刃の無い裏側に削った皮がくっ付いているので取るのも簡単。おもてなしのデザートにチョコレートを削って掛けるなど、プロっぽい仕上がりを簡単に得られるのもこの道具ならでは。

洗うのもふくのも、刃の向きに気をつければ簡単なので、お手入れも機能的。すぐ手に取れる場所にぶら下げ収納をしており、すっかり無くてはならない定番となりました。

マイクロプレイン「グレーター　ハンドルなし」

片手土鍋

寒くなると土鍋の出番が一気に増えます。ごはんは年中土鍋で炊きますが、鍋料理や煮込みはやはり冬が本番。熱々というだけで心も喜ぶご馳走に感じます。

我が家は卓上コンロはあまり使わず、台所で仕上げた鍋を食卓に運ぶスタイルがほとんど。熱々の鍋を、食べ終わるまで熱い状態であることを望むと、やはり保温性に優れる土鍋が最適です。

その名の通り、土で作られる陶器の部類の土鍋は、「温まりにくく冷めにくい＝保温性が高い」特徴があります。この保温性の高さを少し紐解くと、よく「陶器は多孔質である」と言われますが、素地の内部に目に見えない小さな空気がたくさんあります。この空気が断熱材の働きをすることで保温性に繋がります。空気は温まるとその熱を保つ性質があり、陶器の中に閉じ込められた空気の粒が保温力を高めてくれるというわけです。

逆を言えば、温まりにくいので沸騰まで若干時間がかかりますが、素材にはゆっくりじわじわと火が通るので、素材の旨みが引き出されておいしく仕上がります。ゆえに煮込みにも土鍋は最適だと思います。煮物も煮崩れなく、味もしみしみの極上の仕上がりに。

手持ちの土鍋を数えてみたところ意外に多く、大きなものから一人用サイズ、片手鍋などが。平日は食事の時間も各自異なるので、一人用の片手鍋がお役立ちです。愛用の片手鍋は、陶芸家の正島克哉《しょうじまかつや》さん作の鍋。正島さんは食器なども色々作られていますが、なかでも土鍋や平パンなどの耐熱シリーズが、代表作でもあり人気のアイテム。釉薬は白と黒が、そしてサイズも3種類揃っているので、個展でも複数個を手にする方が少なくありません。そんな私も大、中と揃え、メニューや量によって使い分けています。

中サイズの片手鍋は、一人鍋から鍋焼きうどん、ラーメンなどを作ります。大サイズは野菜多めの一人鍋に。器のような素敵な佇《たたず》まいなので、そのまま食卓に出しています。それこそ食べ終わるまで熱々で汗をかくほど温まりますよ。汁物以外にも、石焼ビビンバならぬ土鍋焼きビビンバもおすすめです。以前正島さんご本人が紹介されていた「焼き混ぜごはん」というビビンバの応用編は我が家の定番です。具材をあれこれアレンジする楽しさがあり、簡単でバランスの良い鍋ごはんです。なによりおこげがおいしくてつい食べ過ぎてしまいます。

リアルな「工房正島展示室」は、正島さんが作陶をされている岡山にあります。ギャラリーになっていて作品を購入することができます。以前に訪れた際は、奥様の智恵さんが個展の販促用に作られているレシピブックを見せて頂きました。新品の土鍋も美しいですが、日々の生活の中で使い込まれている道具はさらに魅力を感じました。白い鍋は経年変化で色が渋くなっていきますが、重厚感が増して益々手放せません。フライパン用途の平パンも気になっており、またまた土鍋が増えそうです。

正島克哉（工房正島）「片手土鍋　大／中」

ガラスのフリーカップ

ガラスの器もかなり持っていますが、どうしてもほぼ夏場の出番に限られています。そのうちの8割方がグラスで、あとはボウルや小皿など。ガラスの透明感は涼しげな印象があるので、夏にはそれこそ毎日出番がありますが、秋の気配を感じてくると急に出番が減ります。飲み物も温かいものにシフトするので、グラスに代わって自然と陶器や磁器の湯呑みが活躍しはじめます。

温暖化の影響などもあって、若干季節感が薄れつつあるといわれながらも、やはり四季の気候の移り変わりを敏感に感じ取っている気がします。服装や食卓、美容や睡眠などあちらこちらに季節の変化は自然と入り込んできます。それらを楽しむのも豊かな暮らしといえるのかもしれません。

お酒が飲めたら年中ワイングラスなどが活躍するのかと想像しますが、我が家にその習慣はありません。というわけで、寒い季節には無理せずガラスの器にはほぼお休みいただくことになるのですが、例外的に通年、毎日出番のあるガラスの器があります。

それは、「吹きガラス　でく工房」の「ヨーグルトカップ」。三重県伊勢市の二見町今一色《ふたみちょういまいしき》という、目の前がすぐ海という場所で、中村一也《かずや》さんが一人で制作している工房です。名前の「でく」とは愛犬の名前だそう。中村さんは、透明瓶を使った再生ガラスの器を制作していて、そのうっすら緑がかった透明色が綺麗な海の色のよう。柔らかい雰囲気が食卓にもなじみやすいのです。

ヨーグルトカップという名の器ですが、小鉢のようなシンプルな形状。デザート以外にめんつゆ入れや冷たいスープ、サラダなど多用途に使えます。と言いつつ、私は毎朝のヨーグルト専用にしており、もはやヨーグルトカップとしか思えません。底と縁が厚手で、あまり見たことのない形に、少し重いかな？と思いつつ購入したのですが、程よい重みが安定感を生み、日常使いには嬉しい頼もしさがあります。出会いは京都での個展でしたが、一つ不注意で割ってしまったのをきっかけに、伊勢の工房を訪ねました。毎日使っているものが無くなると、思った以上に落ち着かないことがわかりました。

工房が思いきり海に近い理由を尋ねると、漁師であるお祖父さんの仕事場だった海苔《のり》小屋とよばれる建物をガラス工房として改装したとのことです。廃ビンは、熱してから冷める時間が一般的な原料ガラスよりもかなり早く、制作が難しいそうです。燃料費も余計にかかり、材料も一見安いのかと思いきや、使えるビンを選別し、洗浄する必要があるのでむしろ労力がかかります。そんな大変な思いをしても中村さんが再生ガラスにこだわるのは、独特の色、風合い、温かみが好きだからとのこと。空の状態も良いのですが使うとさらにその魅力に気づく、生活に溶け込む器です。また海辺のガラス工房まで、作り手と作品、前回会えなかった愛犬・でくに会いに行きたいと思います。


中村一也（吹きガラス　でく工房）「ヨーグルトカップ」

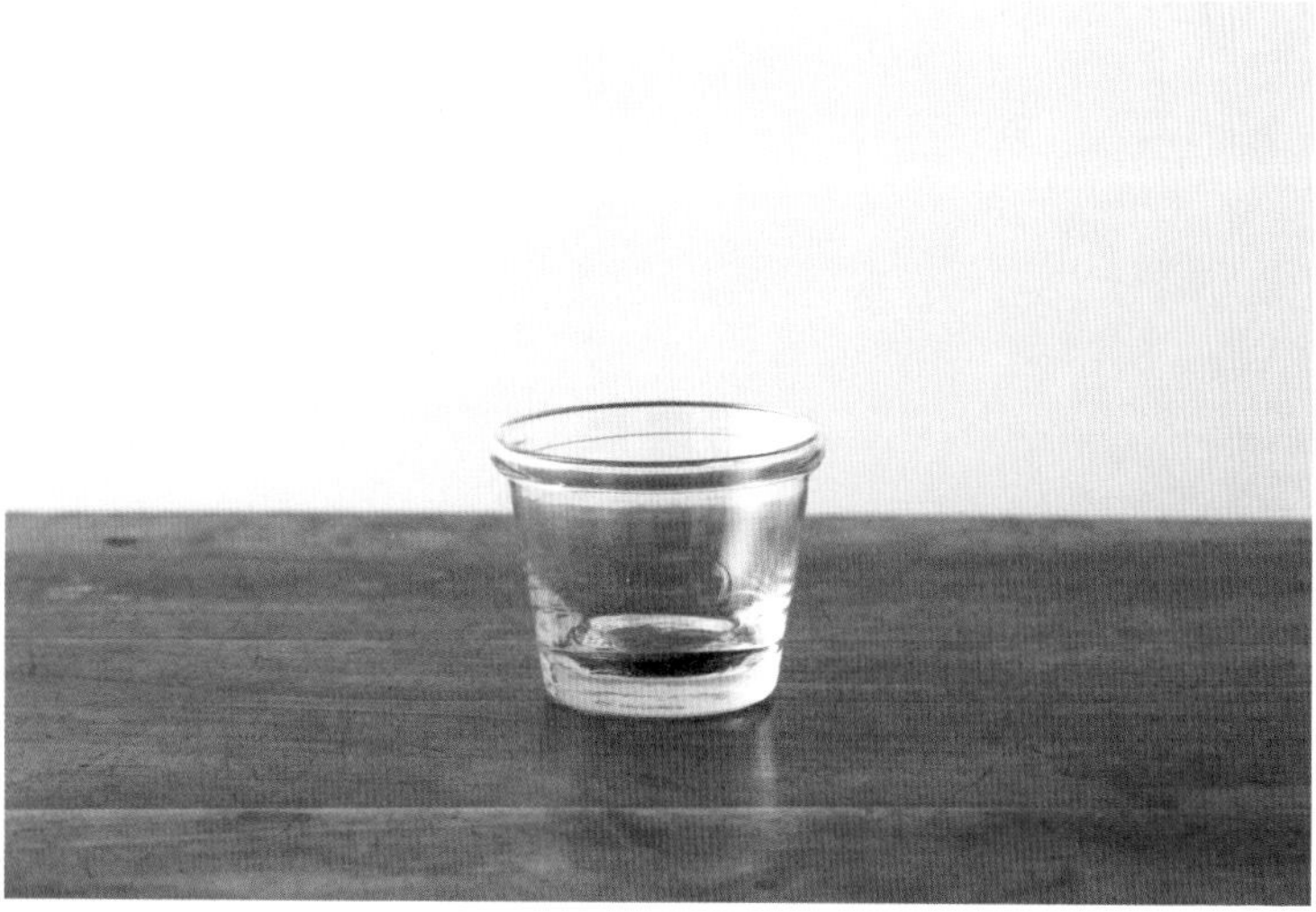

曲げわっぱの弁当箱

お弁当を作る習慣は通勤、通学の有無が関係しますね。中学と高校時代は母が作ってくれたお弁当（今思うとかなり大きかった）が育ち盛りを支えてくれましたが、大人になってからは必要あらば自分で作っています。自分で作っても、蓋を開ける時にちょっとわくわくするのは不思議なものです。

お弁当箱には主に秋田の大館《おおだて》曲げわっぱを愛用しています。森林国である日本では全国で曲げわっぱが作られていますが、その呼び名は地域によって違うそうです。「めんぱ」や「曲げ物」という呼び名も聞いたことがありますが、大館曲げわっぱは、唯一日本の伝統的工芸品に指定されているので、曲げわっぱという名称が有名になったのかもしれません。

使っているのは秋田県大館《おおだて》市に本社を置く柴田慶信《しばたよしのぶ》商店の製品。柴田慶信商店は、天然杉を用いた、伝統ある曲げ物の製作を行う工房です。美しい製品は世界中で数々の賞を受賞し、代表の柴田慶信さんは今上《きんじょう》天皇が皇太子の時代に実演を行ったこともあるそう。

柴田さんの曲げわっぱは無塗装の白木なので、ごはんの余分な水分を吸収し、炊きたてのごはんを入れてもべたつかず、ほんのり杉の香りが漂い冷めてもおいしいのです。「おいしい」を届けるための白木には、柴田さんも相当なこだわりがあるようです。

このお弁当箱なら、個人的にはお弁当でしか作らない「のり弁」も程よくしっとり、究極ののり弁も目指せそう。また天然杉は抗菌効果もあるので、食材が傷みにくいのもお弁当には安心材料です。

柴田さんの弁当箱には色々なサイズが揃っており、食べる量に合わせて選べますが、細長い楕円形の「白木長手弁当箱」は鞄にしまいやすく、お箸も一緒に包みやすいなど現代の生活にも適しています。細長いとおかずのレイアウトも意外と決めやすく、曲げわっぱ初心者にも使いやすいかもしれません。

曲げわっぱ弁当箱の一番のありがたさは、簡単なおかずでもおいしそうに見せてくれること。SNSで曲げわっぱ弁当をアップされる方が多いのも納得です。その影響もあってか人気が高まっており、特に柴田さんの職人技を感じる美しい曲げわっぱは、入荷待ちの状態が多いようです。

縮小していく伝統工芸も少なくない中、人気があるのはなによりですが、厳しいこともあるようで、2013年には資源の保護を目的に天然の秋田杉の伐採が制限されています。かつて柴田さんは、天然秋田杉（樹齢約200〜250年）を使用していましたが、現在は隣県産の高樹齢の天然杉が主な材料になっているそう。全国的にも天然杉は減少していますが、造林杉と比較して木目の細かさ、美しさ、強度の違いは素人目にもはっきりわかります。私の曲げわっぱは天然秋田杉が使えた時期のもの。貴重でもしまい込まず、使えば使うほど木が引き締まって耐久性が増すそうなので大切に使い続けたいと思います。

柴田慶信商店「白木長手弁当箱　大」

おわりに

最後までお読みいただき、ありがとうございました。

我が家の食卓を支える道具たちの、使い込まれた様子が写真になると少々恥ずかしい思いもありますが、改めてシンプルで潔い道具は美しいなと感じました。手に入りやすいモノもあれば、手に入れるのにそれなりの時間や縁が必要なモノもありますが、もし気になる道具があれば出会いの時までアンテナを張ってみてください。私も、まだ知らぬ魅力的な道具との巡り合いをこれからも楽しんでいこうと思います。

長きにわたる連載の場を与えてくださった「味の手帖」編集部の皆様、この本の刊行を実現してくださった淡交社の久保田祥子さん。誠にありがとうございました。格好良い写真は中島光行さん、読みやすいブックデザインは叶野夢さんによるものです。また、掲載を快諾くださったモノづくりに携わる皆様にもお礼申し上げます。

それぞれの道具の魅力が伝わっていますように。

著者略歴

細萱久美（ほそがや　くみ）

東京都武蔵野市出身。奈良市在住。
お茶の専門商社の企画職、日本の工芸を扱う（株）中川政七商店のブランドマネージャー&バイヤーを経て2018年「まるや」設立。現在は「お茶と工芸」のショップ店主及び、国際薬膳師として食養生を伝える教室の開催などを行う。また、メーカーや小売店のブランディング、商品開発などのサポート業を通してモノづくりにも関わる。旅先ではローカルな食材や食品のチェックを怠らない。家庭菜園、そして猫との暮らしに憧れている。著書に『函と館』（平凡社）。食のプロが集まる『味のカレンダー』（味の手帖社）にも参加。

https://www.maruya-cat.jp/

@maruya_teacrafts

台所と食卓の名脇役　食にまつわる道具たち

令和5年2月23日　初版発行

著　　者　細萱久美
発 行 者　伊住公一朗
発 行 所　株式会社 淡交社
本社　〒603-8588京都市北区堀川通鞍馬口上ル
営業　075-432-5156
編集　075-432-5161
支社　〒162-0061東京都新宿区市谷柳町39-1
営業　03-5269-7941
編集　03-5269-1691
www.tankosha.co.jp

装丁・組版　叶野夢（シルシ）
撮　　影　中島光行
スタイリング　吉岡聖貴
印刷・製本　株式会社光邦

ISBN978-4-473-04546-1